与儀美容室
が
お客さまから学んだ

美しい
生き方

与儀育子
Yogi Ikuko

KKベストセラーズ

与儀美容室がお客さまから学んだ　美しい生き方

まえがき

この本を手にとっていただき誠にありがとうございます。与儀美容室の与儀育子と申します。私たち与儀美容室は、昨年平成30年をもって創業70周年を迎えることができました。これもひとえにみなさまのお力添えのおかげと、深く感謝しております。

新しい御代を迎え、私たちのサロンがあるオークラ東京も令和元年にリニューアル・オープンを迎えました。この記念すべき年に、与儀美容室として初めての書籍を出版させていただくことができたことに、不思議なご縁を感じております。

祖母の代から妃殿下方のお支度に携わらせていただいている私たちですが、令和元年五月一日の新天皇がご即位された日はまた、格別な思いがございました。私もこの新しい時代の与儀美容室をつくっていく三代目として、気の引き締まる思いでおります。

私たちの与儀美容室はホテルの中にあるため、読者のみなさまが想像される美容院とは少し違っているところがあるかもしれません。それゆえ「敷居が高い」というイメージを持たれる方もいらっしゃるようです。

最近ではテレビで取り上げられることが増え、ホームページをご覧になってお越しになるお客さまも増えております。メールでお問い合わせいただくお客さまも増えているのですが、そんな新しいお客さまが初めて予約いただく時に、「いろいろご相談させてください」という一文をよく目にします。「ただカットをしたい」、「パーマをかけたい」ではなく、「いろいろ相談したい」と言っていただけるのは本当にうれしいことです。私たちは、自分たちを「美の職人」だと自負しております。お客さまと言葉を交わしながら、お好みを知り、生活スタイルを知る中で、その方にとって最高のスタイルをご提案させていただくことが仕事だと考えているのです。そのためには長くおつきあいすること、コミュニケーションをとらせていただくことが、とても大切なことなのです。

与儀美容室のお客さまの中には、おばあさまの代から何十年も通っていただいている方や、ご家族みなさまでご贔屓《ひいき》にしてくださっている方も少なくありません。美容の仕事をしていなければお会いすることもなかったであろうお立場の方を含め、すばらしいお客さまに恵まれていると感じています。

そういったお客さまは、とても明るいオーラをお持ちで、誰にでも誠実に接されます。何か、こちらが「もっときれいにしてさしあげたい」と思ってしまうような、不思議なパワーを持っていらっしゃる方が多いのです。

そのようなお客さまは、私たち美容室だけでなく、服装にしろ、食事にしろ、医療にしろ、その道のプロと直接おつきあいされています。そして、「この人なら間違いない」と思った相手とは、とことん深く長くおつきあいをされていらっしゃいます。

私たちが、お客さまと長い間おつきあいをさせていただけるのは、技術を鍛錬しているということだけではなく、お客さまご自身の「お客さまぶり」が一流であるからです。そして、一流のおもてなしをされることで、お客さまご自身も心地よい人生を送られているようにお見受けいたします。

この本では、与儀美容室にお越しくださる一流のお客さま方から私たちが教えていただいたことや、日頃から大切にしている仕事の流儀をお伝えしながら、僭越《せんえつ》ながら与儀美容室70年の歴史を振り返らせていただこうと考えております。

美容情報をネットに頼る方が増え、プロと濃密なコミュニケーションをとる方が少なくなっているように感じております。この本を通じて、忙しく生きる現代の女性に、美しく生きるためのヒントをわずかながらでもお伝えできましたら幸いです。

まえがき……2

第一章　与儀美容室は「お客さま目線」を大切に
与儀美容室がお客さまに長年愛されるゆえん……12
「一流」のお客さまが「プロ」とおつきあいされる理由……16
「行きつけ」を持つことの素晴らしさ……20
お客さまから学ばせていただいたこと……25

第二章　美容ではなく〝美養〟と考えること
美をどのように養うのか……32
自ら心がける「美養」……36
お客さまの御髪はすべて私たちの責任……40
「笑顔」を引き出すメイクレッスン……45
お客さまが驚かれる与儀美容室のシャンプー……50

［コラム］　日常のヘアケア……55

第三章　祖母が築いた美の礎

戦前、そして戦後―新たな美容時代のはじまり……58
心強かったお客さまの後押し……62
私たちの財産はお客さま……67
紀子妃殿下のお支度の日……72

第四章　母から学んだ「当たり前」のすごさ

家庭の主婦から美の職人へ……78
今でも変わらぬ学びの姿勢……83
三度目のノーベル賞授賞式でのお支度……87
祖母・母・私のロイヤルウェディング……94

第五章　私が受け継いだもの

美容室とともに育つ……102
わんぱく相撲と300本のメガホン……107
美容室の外から学んだこと……111
やりがいのある新たなチャレンジ……118
お客さまのニーズに応えて……123
花束に込められたお母さまの想い……126

第六章　和装の技術を後世に

本来着物は「楽に着られるもの」であるべき……132
もっと気軽に着物を着ていただくために……137
母の着付けの技術……141

レースの打ち掛けと着付け教室……143
「和装のプロを育てる」ことがプロとしての使命……148
［コラム］ 着物のコーディネート……153

第七章 受け継ぐもの変えていくもの

千万紀子さまのお支度、祖母からのバトン……158
美しさは生きる勇気になる……164
理解しはじめた「与儀らしさ」……170
〜伝統を受け継いだ者として〜
【対談】黒川周子さん（フランス菓子店ルコント）×
与儀育子（与儀美容室）……174
私のつくるこれからの与儀美容室……190
あとがき……200

帯写真／広瀬まり

第一章

与儀美容室は「お客さま目線」を大切に

与儀美容室がお客さまに長年愛されるゆえん

皆さまは美容室という言葉から、どのようなイメージを思い浮かべられますでしょうか？　私たち「与儀美容室」は、一般的なイメージとは少し異なっているかもしれません。

与儀美容室は、日本を代表するホテルのひとつである「オークラ東京」の中にあり、ホテルにお泊りのお客さまにご利用いただくため、結婚式、成人式など、お客さまの大切なライフイベントをお手伝いする機会が多いのが特徴です。毎年、成人式は100人以上のお嬢さま方のメイク・ヘアメイク・着付けをさせていただいています。

また、祖母の代からお越しいただいているお客さまも多く、三笠宮妃百合子殿下はもう66年間も毎週お出ましになられています。毎週お越しいただくお客さまからは、髪を洗ったりセットしたりといったデイリーケアもお任せいただいているのです。ですから、その方たちのお髪を「いつまでも美しく保つ」ことが私たちの使命だと考えています。

「与儀美容室」は私の祖母である与儀八重子が戦後すぐに創業し、母・みどりが引き継ぎました。母の代になってから、今の皇后陛下、秋篠宮紀子妃殿下をはじめ多くの妃殿下方、そしてそのお子さま方のお支度もさせていただくようになり、ノーベル賞を受賞された日本人の方の授賞式でのお支度、芸能人の方の結婚式なども担当させていただいております。

三代目になる私が美容室に入ってからは、オークラ東京の館内だけでなく大阪や青山にもお店を出したり、美容業界の方にメイクや着付けの講習をさせていただいたりと、ホテルの外にも活動を広げてまいりました。

最近では、皇室のお仕事がマスコミで取り上げられた影響もあり、名古屋や沖縄からわざわざ足をお運びになる方や、「プリンセスメイク」に興味を持って私のメイクレッスンを受けてくださる方も増えております。

ホテルの中にあるというだけで敷居が高いと思われてしまいがちな私たちですが、「目の前のお客さまに精一杯の仕事をすること」を基本の姿勢として考えております。どんなお立場の方であっても、「目の前にいる方に精一杯私たちの仕事をさせていただくことが何より大切だ」という考えは、祖母の代から受け継がれた教えなのです。

そのためにお客さまの好みをよく知ることを大切にしております。好みというのはとても難しく、正解というものがありません。その方とじっくりおつきあいをして、ライフスタイルを知ることでようやく見えてくるものがあります。

芸能人やモデルの方のように自分を客観的に見ることにお仕事として慣れている方なら、ご自分に何が似合うのか、何が似合わないのかをよくご存知でしょう。しかし、そうでない方が自分の似合うものを知るのは容易ではありません。

また、言葉でお伝えいただくにも「上品」「かわいい」という言葉から思い浮かべるイメージは十人十色。なかなかピタリと合わせることはできないのです。

先にも触れている通り、私たちのお客さまには三代以上にわたってじっくりおつきあいさせていただいている方が多いのですが、そういったお客さままでしたら、その方のご家族のことも含めてよく存じあげていますから、私たちからの提案もスムーズです。

お食い初めの時にお母さまがどんな着物を選ばれたのか。七五三の時はどんな晴れ着をお召しになったのか。成人式、卒業式、結婚式…。そんな人生の折り目節目を目の当たりにしているからこそ、その方の好みがすべてわかるようになるのです。

すべて存じ上げたうえでご提案することができるので、その方が一番美しくなる髪型やメイクに早くたどり着くことができるのです。

お客さまにとっても、何も言わなくてもスッと好みのスタイルに仕上がることは、心地よいことなのではないでしょうか。私たちが良い仕事をさせていただけるのは、お客さまが私たちと密におつきあいくださっている賜物だと思います。

「一流」のお客さまが「プロ」とおつきあいされる理由

オークラ東京にお越しになるお客さまは、私たちだけでなくいろいろな方面のプロと長くおつきあいされていらっしゃいます。

常連のお客さまは、何かお困りごとがあった時に「オークラに相談すれば誰かが解決してくれる」と思ってお越しになられます。ホテルの方たちは皆、基本的にサービスに慣れており、そこにはお客さまのために動くことを喜びに感じる、各部門のプロが揃っています。それが他の部門、部署とも連携してお客さまのために奔走しますから解決が速いのです。

あるお客さまは、お菓子を作るのが大好きな方で、ご自身でも試行錯誤を重ねケーキやマフィンなどを作られるのですが、どうしても上手くできなかった時は、オークラ東京のパティシエに「こんな風に作りたいのだけれど、どうしたらいいのかしら?」などと相談をなさるのです。するとパティシエは「オーブンの温度は何度くらいですか?」とか「それなら、こうしたらよいのではないでしょうか?」などと細かく説明します。そうするうちにお客さまの腕前は上がっていったのです。

そのお客さまの素晴らしいところは、それだけで終わらないところなのです。教えていただくだけでなく、海外に行った時にお菓子をお土産として買ってきたり、めずらしいお菓子を見つけた時は、すぐに購入し、レストランのスタッフたちに「ちょっとめずらしいお味でしょ? こういうものを食べるのも、あなたたちの仕事のひとつなのよ」と言ってひとりひとりに配られ、パティシエの技術の向上をよろこんでいらっしゃるのでした。

このように一流のお客さまは、プロに相談するのが一番の近道だということをよくご存知なのです。

最近は、人と会話をするのが億劫なため、なんでも「インターネットで検索する」という方が増えています。しかし、そうしたネットが教えてくれるのは、誰か別の方が導び出した答えが多く、ご自身にフィットするものとは限らないのではないでしょうか。

少々面倒に感じてもその道のプロとお話しされれば、一回でご自分にとって一番的確な答えを知ることができます。ただし、パッと入っていらっしゃった一見のお客さまでは難しいのです。

こう申しますと、常連のお客さまを贔屓しているように感じられるかもしれませんが、常連であるということは何度もお話ししてコミュニケーションをとらせていただいているということです。よく存じ上げているので、的確なサービスを提供できます。ですが初対面の方ではそうはいきません。

一流の方は、たとえばお食事なら「和食はここ」、「イタリアンはここ」、「フレンチはここ」…といったように各ジャンルに行きつけのお店をお持ちです。そこに何十年と通われて、何も言わなくてもお好みのものがテーブルに並ぶような関係を築かれていらっしゃいます。ですから、何かあった時に多少の無理もきくのです。

以前、お草履の箱をなくされてお困りのお客さまがいらっしゃいました。京都の老舗の履物屋さんのお草履でしたが、母は躊躇《ちゅうちょ》なくお店に電話をかけてその草履の箱「だけ」を取り寄せました。母も履物屋さんも長年のおつきあいの中で「その方のためなら」と思ったのでしょう。もちろんお客さまはお喜びでした。

これも、長くおつきあいしていたからこそできたサービスでしょう。

こういったお話をすると、時々「そんなおつきあいは面倒でできません」とおっしゃる方がいるのですが、私はむしろ深くおつきあいした方が面倒がなくなると思います。美容室にいらっしゃるお客さまを見ていると、そう感じるのです。

聡明な奥さま方はいつもひまわりのような笑顔でお越しになり、時々お見受けするご家族もニコニコと楽しそうにされています。細かなことをプロにアウトソーシングすることで、ご家族もご自分も快適に過ごすことができ、家族の会話も増える…ということのようにお見受けします。

こういった奥さま方の姿は、私たちのような一般の人間にとっても心地よい暮らし方の参考になるのではないでしょうか。

「行きつけ」を持つことの素晴らしさ

私のような一般の人間にも「行きつけ」のお店を持つメリットはあります。

私は毎日のようにサロンに立っていますし、出張も多いので、たとえば買い物などは頻繁に行くことができません。しかし、皇族のみなさまをはじめとする高貴な方とお会いする機会も多くございますから、身だしなみには気をつけなければいけません。

そういったことを踏まえ、洋服を買う時には特定のお店で決まった店員さんに担当していただくようにしています。「ここは自分の好みに合うな」と感じるお店は、結局長いおつきあいになるので、店員さんにも自分の好みをお伝えし、知ってもらいます。そうすることで、どんなシーンに着る服がほしいのか、どんな色のものが好きなのかなどを理解していただけるのです。ですから今では、私の好みのアイテムが入荷するとすぐに「いいものが入荷しました。たぶん気に入られると思いますよ」などとご連絡をいただけるようなおつきあいになったのです。

こういったことは、じつは時間の節約にもなり、もちろんサイズが違うなどということもなく、無駄なものを買ってしまう恐れもありません。何より、私の好みのものが黙っていても集まってくるので、とても快適に買い物をさせていただいています。

みなさまにとっても同様で、お店に自分の好みを知ってもらうことは、とてもメリットがあることなのではないでしょうか。

この「行きつけを持つ」ことは、じつは「自分に自信が持てる」ということにも少しつながっていると、私は考えています。「自分に自信を持つ」ことを、難しく考えがちな方も多いと思うのですが、たとえば行きつけの店の方にプロの目で選んでいただいた服であれば、自分を引き立ててくれることは間違いないと思います。自分に似合った服を着て、そのうえ、自分の好きなメイクをして、自分の好きな髪型にする。みなさんにとっても、これはごく普通のことではないかと思います。でもじつはこのことが、今できる「いちばん素敵な自分の姿」なのです。

自分に似合う服を着て、その時に一番自分に似合うヘアスタイルやメイクをするだけで、女性は自分に自信を持つことができるのではないでしょうか。

私の祖母の与儀八重子は、昭和47年に出版された『女性のためのエチケット』（新樹社）という本の中でこう書いています。

その人本来の美を引き出し、その日の元気と生きる勇気を与えるのが美容の真髄です。

この言葉は、与儀美容室の軸となる言葉と言っても過言ではありません。美容室から出て来た時の、あの晴れやかさ。どんな方でも寄り道して帰りたくなるようなワクワクした気持ちになったことがあるのではないでしょうか。美しさに自信が持てると元気と生きる勇気を持つことができるのです。

その方の表面的な美ではなく内面からにじみ出る美を引き出し、元気になっていただくお手伝いをするのが、私たちプロの仕事です。

最近はクーポンなどを利用される方も多く、同じ美容室に一度しか行かないという方もいらっしゃるようですが、私が思うに、その美容師や美容室が気に入られたのなら、少なくとも数回は通われた方が良いのではないかと思います。

もし、美容師の方が提案したものが自分にとってしっくりこないと思ったら、はっきりと「違う」とおっしゃってください。お店を信頼していただき、お好みを伝えていただくこと。そして、長く通って少しずつズレを修正していくこと。それが良質なサービスを受けるために大切なことなのではないかと思います。

プロと良い関係を築くことに慣れた奥さま方は、「この方のために何かしてさしあげたい」「損得ではなくやってさしあげたい」と、こちらから自然と思わせていただけるようなオーラがあります。お育ちのせいもあるのでしょうが、裏表がなく、ハッとするような華やかさをお持ちの方が多いように感じております。

一般のご家庭と違っておつきあいなど難しいこともおありかと思うのですが、あまりお悩みにならず、どこかあっけらかんとされている方が多いように思います。明るい奥さまがいらっしゃるおうちはご家庭も明るく、ご家族もどこかいきいきとしていらっしゃるようです。

「ご贔屓」というと惰性のおつきあいのように受け止める方もいらっしゃいますが、むしろ効率的で無駄のない関係だと思います。また、贔屓にしていただく私たちの側からすれば、「ここにお願いすれば安心」という長年の信頼を損なうわけにはいきません。「困った時は与儀さん」「与儀さんに頼めば安心」と言っていただけることが一番の誇りですから、常にご満足いただけるように鍛錬を惜しみません。

もちろん厳しいことをおっしゃるお客さまもいらっしゃいますが、私どもの美容室に長く通うことを前提に、心地よく過ごされるためにあえて厳しくおっしゃるという方がほとんどです。

厳しいけれど、温かい。そんなお客さまが毎週のように通ってくださっています。そのことも、私たちの誇りになっています。

お客さまから学ばせていただいたこと

私たちは美容のプロ、「美の職人」だと自負していますが、人間ですから失敗がまったくないわけではございません。

うちの美容室のスタッフの多くがお叱りを受けたことがあるという、とあるお客さまがいらっしゃいます。お若い頃は海外を飛び回り、生き馬の目を抜くようなお仕事をされていたと伺っており、英語もペラペラで、まさに才媛といった方です。

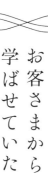

このお客さまがお越しになった時、こんなことがありました。

スタッフがシャンプーに入る時、「シャンプーをお手伝いさせていただきます」と申し上げました。本人は決まり文句のつもりで言ったようなのですが、そのお客さまは、「あなたがシャンプーなさるんでしょ？　私がシャンプーをするわけじゃないわよね」と、至極当然なご指摘をされました。

スタッフの物言いが気になっても、聞き流してしまう方もいらっしゃいます。そこをしっかり指摘して立ち居振る舞いや言葉遣いの細かいことまで、徹底的に教えてくださいます。もちろんヘアセットに関しても、ご自分の好みでなければしっかりご指摘くださいます。しっくりしないサービスを「そんなものか」と流して受け入れてしまうと、いつまで経っても好みが伝わらず、ずっと満足されないままです。

このお客さまのように細かく指摘していただくことで、お互いにとって良い緊張感が生まれ、こちらもより上質なサービスをさせていただくことができるのです。

本来は私たちが気づかなければいけないことまでご指摘いただくこともございますし、お客さまを煩わせてしまいますのでとても申し訳なく思うのですが、私たちを育てようというお気持ちが伝わりますので、本当にありがたく思っております。

与儀美容室にいらっしゃるお客さまの中には、国内にほんの一握りしかいない上流階級と言っても差し支えない方もいらっしゃいます。そして、そういった方ほど、丁寧に人と向き合われているように感じます。

たとえば、お着付けにいらっしゃる時に、いつも紐の一本一本にいたるまでピシッとアイロンをかけてお持ちになる奥さまは、スタッフに気遣いの言葉をかけられたり尊敬できるような立ち居振る舞いをされます。

もちろん、お手伝いさんがいらっしゃる方もいますので、すべてご自分でされていらっしゃらないかもしれません。けれども、その場で私たちがアイロンをかける手間や着付けの仕上がりの差を想像して、お手伝いさんに「紐まできっちりアイロンをかけてね」と、ひと言おっしゃられるお気持ちがありがたいのです。

毎週お越しになるあるお客さまは、三ヶ月に一度パーマをおかけになるたび、パーマ中にスタッフが食事を取れないことを気遣って、スタッフに軽食をお持ちくださいます。有名店のシュークリーム、ケーキ、お寿司の折り詰め、お漬物などなど。手でつまめるものを中心に、スタッフ全員分、たっぷりお持ちくださるのです。

私たちのような裏方の食事にご配慮いただけるだけでも涙が出そうなくらいありがたいことなのですが、このお客さまはそれを数度と言わず、もう何十年も続けてくださっています。

続けていただいているということが、私たちを心から思ってくださっている証のように思え、そのお気持ちに応えなければといつも気を引き締めて仕事に臨ませていただいております。

そのお人柄ゆえでしょう。このお客さまの１００歳の誕生日パーティーには、著名人・政治家など、３００人以上がホテルオークラ東京に集まりました。すべてのゲストが名立たるＶＩＰなので、オークラの黒服が全員宴会場に出たほどの豪華なパーティーになりました。１００歳というご高齢でいらっしゃいますが、いつまでもお元気でいていただきたいと心から思います。

長年通っていただいているある奥さまのお振る舞いも、温かいお気遣いを感じさせるものです。どなたもご存知の、ある大企業のトップの方の奥さまなのですが、着付けでいらっしゃる時はいつも大きな風呂敷包みをご自身で抱えていらっしゃいます。

当然、入り口でオークラのベルボーイがお持ちしようとするのですが、「私はこれくらい運動した方がいいの」と、ニコニコとおっしゃって、二階の美容室までご自分で運ばれます。

その奥さまが出席されるような結婚式は大変豪華でＶＩＰも数多く出席されますから、指名の多い母が汗だくになりながら着付けをしに回っても、なかなか順番が回らずお待たせしてしまうこともあります。そんな時も奥さまは怒ることなく、「先生、お疲れでしょ？　今日は私、先生じゃなくてもいいわよ」と、母を気遣う言葉すらかけてくださるのです。申し訳なさとありがたさに涙が出てしまうほどでした。

このように、私どもの美容室には、本当にさまざまな立場のお客さまがいらっしゃいますが、立場が上であればあるほど、相手の立場の上下にかかわらず誠実に接される方が多いように感じます。

母が96歳になられる三笠宮妃百合子殿下とお話をさせていただいていた時のこと。宮中のことで分からないことがありお尋ねすると、翌週お出ましになった時にはお調べいただいたことを小さなメモにびっしりと書いてお持ちくださいました。妃殿下が、母のような、いち美容師に対してそこまでしてくださるなど思いもよらぬこと。その時は母も恐縮しきりでした。

また、こんなこともございました。妃殿下と同じ時間にいらっしゃる学生時代のお友達がいらっしゃいます。妃殿下と同じく90代でいらっしゃるのですが、かならずイヤリングとネックレスとブローチをお洋服のお色にしっかりと合わせて、大変おしゃれな装いでお越しになります。

ご挨拶を済まされた後、妃殿下が母に「あの方はいつもイヤリングをきちんとそろえていらっしゃるわね」とおっしゃいました。

「左様でいらっしゃいますね。いつもお考えになっていらっしゃいますね」と母がお答えしますと、妃殿下は大変感心したご様子で、「お見習いしなければいけないわね」とおっしゃったそうです。

華族としてお生まれになり、現在は皇族最年長でいらっしゃる百合子妃殿下の、他の方を「お見習いしなければいけない」という姿勢を知った母は、その誠実なお話ぶりに心から驚き、ますます尊敬の念を強くしたと申します。

人によって態度を変えたり、礼儀を欠いたりするのは美しいものではありません。一番大切なのは、どなたにも誠実であること。そういったことを、妃殿下をはじめ、お客さま方を通じて学ばせていただきました。

第二章

美容ではなく〝美養〟と考えること

美をどのように養うのか

祖母は、私たち美容師の仕事はお客さまの美を養うこと、すなわち「美養」だと教えていました。先程ご紹介した本『女性のためのエチケット』の中で、こう書いております。

顔や体つきは、その人の生活態度で、ずいぶん変えることができるものである。また、どんな人でも、顔や体のどこかに、一つ二つ、美点を持っていない人はない。誰でも必ずどこかに美点を持っているもので、これは三十余年に渡る私の長い美容師生活から得た、信念である。

例えば、目が美しいとか、鼻の形がいいとか、口もとに愛嬌があるとか――。そ

れが顔にないときは、スタイルがよいとか、ふとした動作が美しいとか、とにかく一つや二つの美点はどんな人にもある。その美点をみつけ出して、自分にはこんなに美しいところがある、といううぬぼれをもってほしい。その美点に自信をもち、それを強調したおしゃれをすると、誰でもほんとうに美しくなれるものである。

つまり、自分の美点を見つけ出してその部分を強調することが、美を養うことに繋がるというのです。一行目の、生活態度で顔や体つきが変わるというのは今では当たり前の考え方ですが、当時の美容家の意見としては斬新だったのではないでしょうか。祖母は早くからそういった視点を持ち、内面美の大切さを伝えておりました。

また、祖母の書いた本を読むと「先天的な美と後天的な美」という言葉が目につきます。持って生まれた美しさは「先天的な美」。もうひとつは教養や健康など、後からつくることができる「後天的な美」です。

後天的な美とは、内部からにじみでる美しさのこと。教養を身につけてきちんと生活し健康を保つことが大切だと説いています。そして、人工美であるメイクに関しては、「若い頃は若いなりの美しさ、四十代は四十代の美しさ、五十代には五十代の美しさがある」と説いているのです。

この祖母の考え方は、私が今担当させていただいているヘアメイクにも通じています。若い方をメイクする時は、きれいなお肌を活かして濃くならないように、ナチュラルな中にも華やかに見えるようにいたします。

最近、眞子さまと佳子さまのメイクやヘアスタイルについて聞かれることが多いのですが、私がお仕事をさせていただく時は基本はお任せしていただき、その時の装いにふさわしいスタイルをご提案しています。アップスタイルかダウンスタイルかはお伺いしますが、あとはつくり込みすぎず上品に見えることだけを心がけております。

もちろん、ティアラをお載せする時は眉を少し太めに。アイラインを目尻まで引いて目元の印象を強くするといった、メイクのテクニックがないわけではないのですが、もともとおふたりがお持ちの美しさを強調しているに過ぎません。

特に皇族の儀式の時のヘアメイクは、何年、何十年経っても「美しい」と思えるオーソドックスなスタイルを心掛けています。

もし、「プリンセスメイク」というものがあるのだとしたら、それは技巧に走らずその方本来の美しさを引き出す上品なメイクだと言えるのではないでしょうか。

そしてそれは、プリンセスに限らず、与儀美容室がすべての方にお伝えしたい、美のあり方に通じているのではないかと思っております。

自ら心がける「美養」

祖母の残した言葉を引用して、美についていろいろと書かせていただいてまいりましたが、自分自身の「美養」に関してお話するとなると少し困ってしまいます。私はあくまで裏方。お客さまの美を探求することはあっても、自分自身を美しく見せるために何かするということは特別ございません。

それでも、何かひとつと問われて思い当たることはというと、それは食事のことです。祖母も食事についてはこんな文章を残しています。

美容と食べものといっても、美容食というような特別なものはない。〝美容のもとは健康にあり〟といわれているから、健康上よい食物は、美容上にもよい食物といえ

るわけである。

食事について言えば、まずその日一日の食事反省ということが大切だ、例えば今日は朝、昼、晩、何と何を食べたかを思い出し、栄養、カロリーの点をよく考えて、更に明日の献立をたてるようにすれば、栄養がかたよる事もなく、カロリーが不足することもない。自然健康上にもよく、美容上にもよい、ということになるのである。


祖母は高齢になってもハイヒールで店に出るほど元気でしたが、こうした栄養の知識をもとに若い頃から節制していたのでしょうか。

私自身は美容のためというよりは、仕事のため、体力づくりのために、食事に気を使っています。とくに加工度が高い食品はなるべく控えるように心がけています。

朝食はヨーグルトにチアシード、ナッツ類、オメガ3脂肪酸系オイル、はちみつ、オリーブオイル、カカオの粉を入れたもの。昼食はカロリーを気にせず好きなものを食べます。もともとあまり脂っぽいものは好きではありませんので、その点では得していているかもしれません。夜は会食が多いのですが、お酒をあまりいただく方ではないので、食べすぎ飲みすぎということにはなりません。そこそこに美味しくいただいて、明日はまた朝から美容室に立つための英気を養うといった感じでしょうか。おかげで祖母の言う栄養がかたよることのない食生活ができているようです。

それでも「体が疲れているな」と感じたら、代官山の「クレンジングカフェ」に出かけ、野菜をそのまま絞った酵素たっぷりのクレンズジュースをいただきます。味も美味しく、体を浄化するような感覚でいただけるので助かっています。

もうひとつ、私の「美養法」があるとすれば、シャンプーです。

夜、どんなに遅くなっても必ず髪を洗いドライヤーできちんと乾かしてから寝るようにしています。髪を洗わないで寝てしまうと、頭皮に一日分の皮脂と埃がついたままで枕に頭を預けることになります。自宅でのシャンプーの水圧ですと、清潔に保つのは日々のケアが重要になってきます。

ですから、夜中の二時になっても三時になっても、必ずシャンプーをしてしっかり乾かして寝るようにします。もう当たり前になってしまっていて、髪を洗わずに寝た夜の記憶がないほどです。この習慣のおかげか、髪の艶やボリュームを褒めていただくことが多い気がするのです。

祖母は髪についてこう書いています。

街を歩いていて、行きずりの女性の髪の美しさに思わず、「美しい髪ですね」と言葉をかけたくなることがある。美しい髪、つやのある髪は、女性の大きな魅力である。昔から〝髪は女のいのち〟とさえいわれている。美しい髪は、その人の若さをあらわし、また髪をテーマにした小説や詩は数多く、読者の共感をさそっているのも、髪の美しさに魅力を感じているからといえよう。

鏡に向かって、髪にくしを入れるときの女の気持ち。一日のうちで一番心が落ち着き、女に生まれたことの幸せを、しみじみとかみしめるときである。

そんな幸せを、すべての女性に少しでも長く感じていただきたい。それが私たち与儀美容室の心からの願いです。そんな仕事に就いている私が自分の髪を大切にするのは、当たり前すぎることかもしれません。

お客さまの御髪はすべて私たちの責任

髪と言えば、最近はお年を召されたお客さまに、ヘアカラーをやめて白髪を活かしたスタイル（グレーヘア）をご提案することがあります。三週間に一度のヘアカラーは、どんなに薬剤を吟味しても頭皮の負担になってしまいます。その負担を減らして、できるだけ長くきれいな髪でいていただきたいという思いからお勧めしております。前にも触れている通り、私どもの美容室には長年にわたってお越しいただいているお客さまがたくさんいらっしゃいます。髪の状態を見ていて「その時が来たな」という時には、母がはっきりと申します。

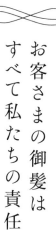

「奥さま、もうカラーはやめましょう」と。

お客さまはもちろん驚かれますが、ほとんどの方は「先生がおっしゃるならやってみようかしら?」とチャレンジしてくださいます。また、怪我をして入院された時などに「このタイミングでいかがですか?」とこちらからお勧めすることもあります。

グレーヘアに移行していくには通常一年以上かかりますので、お客さまの根気と我慢が必要です。黒く染めていた髪が毛先の方に進んでいく間、私たちはみんなでお客さまを励まし、応援します。時にはスタイルを変え、時には白髪をぼかすマニキュアなどを使って、少しずつ少しずつ、本来の髪色に戻していきます。

正直に申し上げまして、三週間に一度カラーをしにお越しいただく方が、美容室の売上としてはもちろんありがたいのですが、お客さまの髪のことを思うと、そういうわけにはいきません。長いおつきあいの中でうちの美容室でカラーやパーマをはじめられたお客さまだからこそ、やめるお手伝いまでしっかりさせていただくのです。

美しいグレーヘアは、お顔を明るく見せるだけでなく、髪と頭皮の健康のためでもあります。悩まれている方がいましたら、ぜひ私たちのところへお越しください。グレーヘアの良さをお伝えし、しっかり応援させていただきます。

毎日のようにお客さまの頭を触っていると、個人差はあるものの、日本の女性の髪が細くなっているように感じることがあります。最近では三十代くらいから髪のボリュームが減るようです。日本人の食生活が変わってきたことや働く女性が増えてストレスを感じることも原因になっていると言われております。

　実際、仕事をされている女性の頭皮は固いと感じることが多い一方、八十代でもふにゃふにゃとつきたてのお餅のように柔らかい頭皮をお持ちで、髪もふさふさと豊かな方もいらっしゃいます。

「髪は血流がすべて」です。髪の栄養は血管から吸収されるので生活が乱れている人は全体に血流が悪く、頭皮も固くなりがちです。頭皮に血が巡らないので髪にも栄養が行き届かず、ヘアサイクルが乱れ、だんだんと毛が細くなっていくのです。

　私どものお客さまの中にも年齢によって髪が細くなってしまった方がいらっしゃいますが、これはすべてうちの責任です。お子さまの頃から通われ、その方のお母さま、おばあさまの代から同じ担当者という状況にもかかわらずですから、こう考えるのは当たり前だと思います。うちで髪が細くなったのであれば、うちの責任でまた髪を太く戻してさしあげたいと思い、薄毛に関して、母とともにたくさん勉強してきました。

カラーやパーマをやめてグレーヘアに戻すこともその一環ですが、与儀美容室ではヘッドスパや育毛プログラムも導入しております。育毛プログラムに関しては、15年以上前、まだやられている美容室さんが少なかった時代に取り入れました。

私たちが行うプログラムは、毛母細胞を活性化させることを目的としております。髪は毛細血管から栄養をとっていますが、毛穴が詰まっていたり、ストレスを感じていたりすると、毛母細胞の働きが悪くなり、髪の生え変わりのサイクルが鈍くなってしまいます。そこで、毛母細胞を活性化して生え変わりのサイクルを整えることで、若々しい髪を育てることができるというものです。

手順は、まず特殊なトニックを塗ってスチーマーに入っていただき、毛穴を開かせ血流を良くします。その後、特別な方法でシャンプーを行い、さらに血流を促し、低周波をかけて肌のバリア機能を外した後、特製の育毛ローションを毛穴から導入します。最後に血行促進と新陳代謝を促す高周波をかけて終了です。

美容室のスタッフが一時間から一時間半くらいかけてじっくりと行うので、リラックス効果もあり「気持ちいい」と、かなりご好評いただいております。

頻度は週に一度をお勧めしていますが、お時間のない場合はスチーマーだけでもやっていただくようにすると、髪が強くなってコシが出るのを実感していただけます。

このプログラムを受けられ、髪が元気になって立ち上がりが良くなったお客さまは、自然とパーマの回数が減っていきます。美容室としては売上が下がってしまうのですが、長年のお客さまが髪を健やかに保っていただけるのであれば構わないのです。

若い方でもボリュームはあるに越したことはありません。豊かで艶やかな髪はやはり、女性の美しさを際立たせます。

「美容師がなぜ育毛の技術まで学ぶのか」と言われることもございますが、髪を美しく整えるためには、まず美しい髪がなくてはいけません。美しい髪というのはボリュームがあり若々しい髪、つまり健康な髪、ということになりますから、髪の健康を守るのも、私たち美容師の大切な仕事なのです。

「笑顔」を引き出すメイクレッスン

昨年、与儀美容室のホームページをリニューアルしたタイミングで、私たちはいくつか新しい試みをはじめました。その中のひとつが完全予約制の「メイクレッスン」です。90分間マンツーマンで、その方のご希望どおりのメイクをお教えしております。

90分と申し上げましたが、実際は二時間ほどになることもあります。ついついあれもこれもとお伝えしたくなってしまい、いつも時間が延びてしまうのです。少しでも美しくしてさしあげたい。あの時行って良かったと思っていただきたいという気持ちが湧き上がると、つい「まだお時間大丈夫ですか?」と、その後のご予定を確認しながら、延長してしまうのです。

はじめたばかりの頃は、どんなお客さまに来ていただけるかも分からず、少し不安でした。しかし、続けていくうちに、お話を伺いながら最終ゴールを探し、いらっしゃった時よりきれいになって帰っていただくという過程がとても楽しく感じられるようになりました。

このメイクレッスンでは、お客さまのお話を伺った後、まず私がお客さまの顔にメイクをさせていただき、ポイントをご説明します。たとえば「右の眉が下がり気味なので上げて書いてくださいね」といったことや、アイラインの書き方などをこと細かくお伝えしていきます。

最後に、使用したアイテムの品番、リップのお色味、そしてメイクのポイントなどをすべて用紙にお書きして、お渡しして終了という流れになります。

メイクレッスンにいらっしゃる方の目的は、講演会など人前にお立ちになる予定があるという方から、お子さまのお受験用にきちんとしたヘアメイクを収得したいという方、プリンセスメイクに興味のあるという皇室ファンの方まで、じつにさまざまです。

今までのお客さまの中には、印象に深く残る方もいらっしゃいます。ホームページを見て予約をいただいた、あるＯＬさんなのですが、最初こそ「メイクの仕方を習ったことがないので来ました」と当たり障りなくおっしゃっていました。しかし、詳しく話を伺っていくと、「じつは今、仕事もプライベートもうまくいっていなくて、何かを変えたいと思っていたんです」とおっしゃるのです。

洋服も捨てられないし髪も切りたくない。一人暮らしではないから引っ越しもできない。だったら、メイクを変えてみようと思い立って、うちに来てくださったというのでした。

そういう思いを知ると、こちらもあれもこれもと、いろいろしてさしあげたいことがどんどん湧いてきます。気持ちを込めてお教えした結果、最後は「新しい自分を手に入れたようです」と、はじけるような笑顔でお帰りになりました。あの時は彼女の希望を叶えることができて本当にうれしい気持ちでした。

この方のように思いをしっかりとお伝えいただければ、こちらも良いご提案をさせていただくことができます。メイクやヘアなどの技術者と話す時は、ぜひ「こんなこと言っても大丈夫かしら？」と思われるようなことであってもお話ししてみてください。お客さまのお悩みをとことん聞いて、その中から答えを見つけていくのも私たちの仕事なのですから。

このメイクレッスンでメイクをご提案する際に、かならず守っていることがあります。それは、その方の生活の状態に合わせたメイクをお教えすること。たとえばメイク時間が10分しかない方が、30分かかってしまうメイク術を学んでも意味がありません。10分なら10分で、美しくなる方法をお伝えするようにしています。

メイクのおもしろさはほんの1ミリの違いで印象が変わり、若々しくもかわいらしくも賢そうにも見せることができることです。たとえば、若々しく見せたいのであれば、眉毛は太め短め、お仕事をされている方であれば、シャープに細めにして長く描くと、クレバーな女性に見せることができます。

このように、ちょっとしたポイントでなりたい姿になれるのがメイクの楽しさです。その喜びを、レッスンを通じて少しでも多くの方に知っていただければ、技術者冥利に尽きるというものです。

レッスンの後はみなさん顔が生き生きとされ、「ちょっと街を歩いて帰ります」とか「教えてもらった化粧品を買って帰ります」とおっしゃってくださいます。それが何よりうれしいのです。

きれいなメイクで街を歩くあのウキウキした気持ちを多くの女性に届けたいというのが、私の素直な思いです。

お客さまが驚かれる与儀美容室のシャンプー

与儀美容室にいらっしゃるお客さまからご用命いただくことが多いのが、シャンプー&ブローです。

私たちはあくまで裏方であるという気持ちでおりますので、普段はあまり取材をお受けしないのですが、昨年はたまたま良いご縁が重なってテレビの番組で取り上げていただいたことがありました。

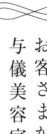

その時に大変話題になったのが、私たちが日常的に行っているシャンプーです。一時は予約の電話がつながりにくくなるほどでした。

私たちのシャンプーは約20分、セットまで入れると一時間ほどかけて行います。シャンプーだけで20分と言うと驚かれてしまうのですが、それだけ時間をかけて洗うのには理由があるのです。

私たちのお客さまの中にはシャンプーを含めてすべてのケアをお任せくださっている方が多いのですが、基本的に週に一度美容室にお越しになりシャンプー&ブローをされ、一週間過ごされます。ですので、一週間ずっと良い状態を保つために、髪と地肌の汚れをしっかり落としておかなければいけないのです。

さらに言うと、お客さまの御髪に対する責任はすべて私たちにあると考えていることです。日常のお手入れの基本としてシャンプーを丁寧にさせていただいているのです。

私どものシャンプーはかならず二度洗いです。まず一度目は髪や地肌の表面の汚れをしっかり落とします。うちの美容室のシャワーは非常に水圧が強く、慣れない新人は手で押さえられないくらいの強さがあります。その強い水圧を手元でコントロールしながら髪の汚れを落としていきます。

シャンプー剤はお客さまの髪の状態や好みで選びます。乾燥してパサついている方にはこれ、頭皮がベタついている方にはこれ、というように、担当者が長年の経験と知識で最適なものを選んでいきます。

そのシャンプー剤をたっぷり泡立てて表面の汚れを浮き立たせて落としていきます。最初なので表面の汚れだけを取るイメージですが、すでにご家庭で洗われる時より長いと感じられる方が多いのではないでしょうか。とくに生え際など汚れやすい部分は丁寧に汚れを落としていきます。

二回目のシャンプーはさらに時間をかけます。先程よりももっとしっかりと全体の汚れを落としつつ、頭皮を動かしてマッサージをし、血流を良くしていきます。ヘッドスパと同じような感覚です。

この時、全身を使って激しく手を動かしていくので、スタッフが汗だくになることもしばしばです。テレビ取材の時に出演したスタッフが後日「私、あんなに汗をかいているところがテレビで放送されて、もうお嫁にいけません」と恥ずかしがっていましたが、そう言いたくなるのも分かるくらい必死に体を動かすのです。

リズミカルな動きが心地よく、そのまま寝てしまうお客さまもいらっしゃるほどです。テレビの取材時は女優の紫吹淳さんに体験いただき、「気持ち良い」と何度も言っていただきました。

最後は強い水圧でシャンプー剤を洗い流しますが、私たちはここにとても長い時間をかけています。地肌にシャンプー剤が残ってしまうと、それが酸化して脂になり毛穴を詰まらせてしまうからです。

お客さまの頭皮に少しのシャンプー剤も残さぬよう、強い水圧で隅から隅までしっかり洗い流していきます。この時間のあまりの長さに、みなさん驚かれるようです。

なぜこれほど時間をかけてやらせていただくかと申しますと、シャンプーという日常のお手入れでお金をいただくのであれば、ご自分でなされるよりはるかに良くなければいけないという思いがあるからです。

私自身、よその美容室のシャンプーに満足したことは一度もありません。水圧も技術の違いもあると思いますが、一番の違いはお客さまの髪と地肌を美しく保ちたいという思いの強さではないかと思います。

こうしたお客さまへの思いや、シャンプーの技術は、時代が変わっても変えたくないもののひとつです。祖母から受け継いだ技術はたくさんありますが、それがぎゅっと凝縮されているのが、このシャンプー&ブローだと考えております。

ホームページのサロンメニューをご覧いただければ分かりますが、シャンプーセットはショートなら6500円、ロングなら8500円（令和元年9月現在）、ショートの方ならヘッドスパを加えても1万円くらいで、私たちの技術を体験していただくことができます。

私たちのシャンプーを受けていただくと地肌がサラサラになり、その後一週間ほどその状態が続きます。一週間髪を洗わなくても、心地良く過ごしていただけるのです。地肌がスッキリときれいになるだけでなく、血流が良くなるので顔色が良くなり、マッサージの効果か目元がくっきりとした印象になります。

冠婚葬祭など特別の日にお越しいただくのももちろんうれしいことなのですが、日常のケアの延長で与儀美容室に足を向けていただけたら、これほどありがたいことはございません。ぜひ、気軽なお気持ちでお越しいただけましたら幸いです。

［コラム］日常のヘアケア

一般的に50代くらいから髪のボリュームがなくなると申しますが、若い頃から常に気を配っておくことで薄毛を予防することができます。

・シャンプーの選び方
シリコンシャンプーはダメだと言う方が多いのですが、髪が硬くて太い方やパーマやカラーをなさらない方にはよろしいかと思います。値段にとらわれず自分に合ったものを見つけてください。

・シャンプーの仕方

二回洗いがお勧めです。一回目でまず髪と地肌の表面の汚れをとり、二回目は地肌の汚れをしっかり落とします。この時、地肌を動かすようにしてください。最後の流しはとくに念入りに。シャンプー剤が地肌に残ると酸化してしまいます。ご自分が思っているよりもずっとたくさん時間をかけて流してください。

・ドライヤーのかけ方

かならず地肌を完全に乾かしましょう。地肌が生乾きのままでは雑菌が残ってしまいます。地肌が乾いたら髪のキューティクルに沿わせるように、上から下に乾かします。ブラシをつかわなくてもこれだけで髪に艶が出てきます。最後に冷風をかけるとキューティクルがしまり、艶を維持することができます。

・ブラッシング

健康な髪は血流が育てます。毎日こまめにブラッシングするようにしましょう。

第三章

祖母が築いた美の礎

戦前、そして戦後―
新たな美容時代のはじまり

与儀美容室は昨年70年という節目を迎えました。ここで僭越ながら創業者である祖母からはじまった与儀美容室の歴史を振り返らせていただきたく思います。

祖母・与儀八重子は大正三年、小田原に生まれました。当時、女学校に通っていた祖母は学校の先生になるつもりだったそうです。しかし、ハリウッドでカメラマンの仕事をしていた義兄からの「八重子、これからは美容の時代だよ」という言葉に感銘を受け、東京の美容学校へ進むことになります。

当時、美容師の社会的地位は低く、女学校出の女性が自ら進んで目指すような職業ではありませんでした。ですが祖母は早い時期から美容の世界に大きな可能性を見出していたようです。

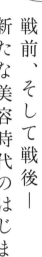

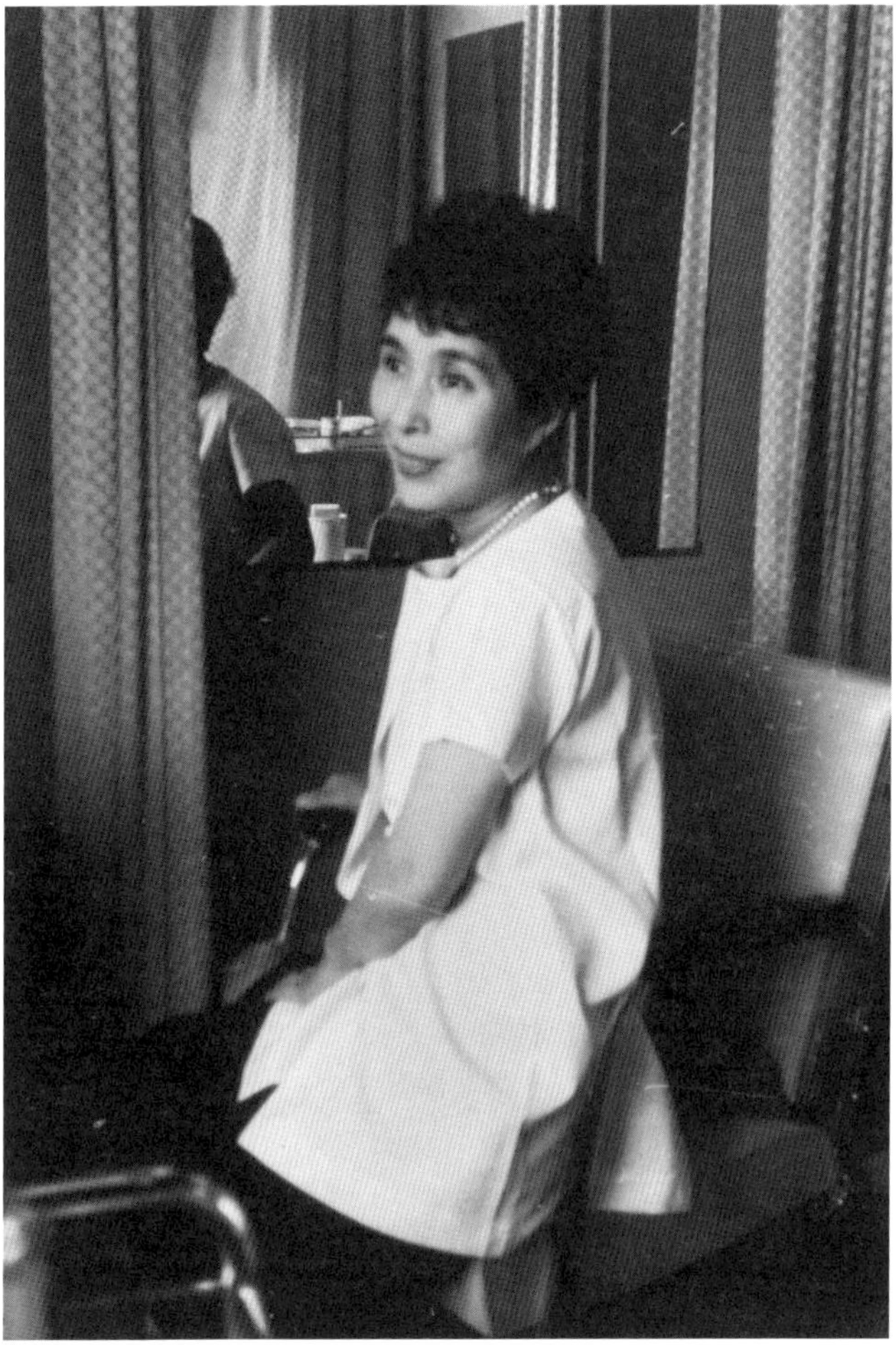

与儀美容室の創業者・与儀八重子。昭和23年、銀座の一角に「ラ・ボーテ」を開業した。（写真：与儀美容室提供）

卒業後は銀座資生堂の美髪科に勤めました。戦前の資生堂といえば、子爵公爵伯爵といった華族のみなさまや宮家のみなさま、日本を代表する上流階級の奥さまやお嬢さま方が顧客であったと聞いております。

また、技術も一流だったようで、谷崎潤一郎の「細雪」には四姉妹の次女が上京した折に、「パアマネントを懸けるのに、ゾートスと云う薬剤を使う新しい遣り方をしている、それだと電気器具などを頭に取り附ける面倒がなくて楽であるから」と勧められ、資生堂に足を向けるシーンがあります。

祖母はそんな恵まれた職場で、一流のお客さまたちと触れ合いながら当時最新の美容技術を習得し、たくさんのお客さまから指名をいただけるまでになったのです。

しかし、街に戦争の影が色濃くなると、おしゃれは贅沢だとされ、「パーマネントはやめませう」という標語が街に張り出されるようになっていきます。

昭和19年、ついに銀座資生堂が閉鎖になりました。この時、祖母はすでに30歳。仕事に邁進した結果、当時としては行き遅れと言われても仕方のない年齢になっていましたが、この年に祖母は祖父と運命的な出会いを果たします。

祖父は石垣島生まれ。台湾の台中師範学校（現在の国立台中教育大学）を卒業後上京し、当時小石川にあった東京文理科大学に通っていました。ふたりは、祖父が舎監をしていた寮の世話を祖母の姉がしていた関係で出会ったそうです。

当時の感覚では石垣島は外国も同然で、ふたりは周囲の大反対にあったそうです。そんなふたりが結婚することができたのは、皮肉にも祖父に届いた召集令状のおかげでした。「召集令状が来るということは日本国民だ」と祖母の家族が納得し、「お国のために送り出してあげなさい」と一転して結婚の許しを得ることができたのだそうです。

深い愛情で結ばれたふたりの絆は、戦後祖母が美容室を開いてからも変わりませんでした。数学の教師で数字に明るかった祖父が職人気質の祖母を経理面で支え、二人三脚で与儀美容室の礎を築いていきます。

そして、母・みどりが生まれた年、日本は終戦を迎え新しい時代へと向かっていったのでした。

心強かった
お客さまの後押し

昭和23年。母が三歳になった年のことです。慣れない育児と家事に追われる祖母のもとを、とある財閥の奥さまが訪ねていらっしゃいました。終戦から三年を迎え、「またおしゃれをしたい、パーマやヘアセットをしたい」という奥さま方がたくさんいらっしゃるが、「良い美容室がない」とおっしゃるのです。ついては、「与儀さんに美容室をはじめてほしい。すでに銀座の和光の裏の土地を探してあるから」というありがたいお申し出でした。ご贔屓いただいた奥さまからのお声掛かりですから、祖母もうれしかったのではないでしょうか。

こうして銀座に美容室「ラ・ボーテ」が開業しました。今につながる与儀美容室の歴史はこうしてはじまったのです。

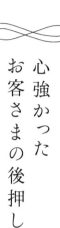

しかし、土地は借りることができても設備をそろえなければならず、さらに人件費も必要です。開業当初は金銭面で苦労が絶えなかったと聞いています。

金銭面を担当していた祖父が、当時できたばかりの東京都民銀行に融資の相談に行った時のことです。担保もなく土地も借り物ということで行員にけんもほろろに断られ、がっかりして帰ろうとしていると、「ちょっと待ちなさい」と呼び止められました。当時の頭取・工藤昭四郎さんが事業の内容をもっと詳しく教えてほしいとおっしゃるのです。祖父は、これからの時代、おしゃれがどれだけ人の心を明るくするかということを工藤さんに切々と訴えました。

すると、なんと工藤さんは「当行は中小企業の金融問題を解決するための銀行ですから」と、ご自分の定期預金を担保に、祖父にお金を貸してくださったのです。

真面目な祖父の人柄を信用してくださったのか、美容に新しい時代の可能性を感じてくださったのかは分かりませんが、こういったありがたいご縁が、祖母が美容室を創業する原動力となったそうです。この話は、現在は「きらぼし銀行」となった都民銀行の入行式で、今でも話されるエピソードとのことです。

とはいえ、当時はまだ物資が乏しく、祖母はGHQの将校の奥さまから舶来のヘアカラーやパーマ液を手に入れては、自分の髪で最新の技術を習得していました。祖母の髪は紫色になったり緑色になったりと大変なことになっていたと聞いております。ピーリング剤を試した時は、顔中の肌が剥けてしまったこともあるのだそうです。

祖母は心から美容が大好きな人でしたので、ひとつでも多くの技術を身に付けたいと思っていたのでしょう。母も同じなのですが、「もっと知りたい」「試したい」と思うと好奇心が収まらず、新しい挑戦に時間も手間も惜しまないところが、与儀家の女性陣の伝統のようです。

このようにして祖母が習得した最新の技術やセンスは評判を呼び、いつしかお店には三笠宮妃殿下をはじめ上流階級の奥さま方がお越しくださるようになりました。新橋にもお店を構え、祖母は銀座通りを東へ西へと駆け回っていたようです。そして、この時得たお客さまのご縁から、先の天皇陛下のお姉さまでいらっしゃる順宮さま（現・池田厚子さま）の御婚礼のお支度を担当させていただくことにつながったと聞いております。

こんなエピソードもありました。

ある夜、幼かった母が寝床から起き出しますと、裸電球の下で祖母が何かしております。「何をやっているんだろう?」と、不思議な気持ちで見てみると、祖母は髱（かもじ=髪の毛の束）をたらいの中で一心に洗っていたそうです。祖母はこの時、順宮さまのお支度のための研究をしていたのでした。

皇室の方のご婚儀は、十二単からローブデコルテへのお召し替えがあります。ヘアセットとメイクの時間は合わせて一時間半ほど。その限られた時間で、固まった鬢付《びんつ》け油を素早く落として洋髪に結い直すのです。

良いシャンプーも石鹸もない時代ですので、揮発油などの薬剤を使う美容室もあったようですが、刺激が強いため髪を傷めてゴワゴワにしてしまいます。さらに気化した気体を吸い込むと卒倒してしまう恐れがあり、大変危険でした。

祖母は髪を傷めず安全できれいに鬢付け油を落とす方法を必死に探していたのです。

この時に祖母が編み出した技術が、後に私たちが今上陛下ならびに秋篠宮家のロイヤルウェディングに関わらせていただくきっかけとなったのですが、それはまた後ほどゆっくりお話しいたします。

昭和31年になると銀座の通りに活気が戻り、お客さまの車を駐車するのが難しくなってきました。そこで、当時は今よりずっと静かだった六本木に移転し、名前も「パウダー・パフ」に改めました。

この頃、奥さま方の間でパウダー・パフは「パフ」と呼ばれていたようで、「パフの頭にした」「パフの頭にしたい」といった具合に「パフの頭」という言葉が流行していたと聞いております。

ちなみに「パウダー・パフ」とはカリアンドラという花のこと。メイクに使うパフのような丸い形のモダンな花で高潔という花言葉を持つそうです。与儀美容室らしい美の象徴として、現在も私たちの法人の社名になっております。

時は変わり、昭和37年。母が17歳になった時、美容室に大きな転機が訪れます。それは、日本を代表する国際ホテル「ホテルオークラ東京」の開業でした。

私たちの財産はお客さま

オークラ東京は、昭和37年、初めての東京五輪の二年前に開業しました。この時竣工された本館は、複数の著名な建築家による共同建築で進められた当時最高レベルの建物でした。和の工芸を取り入れたモダンな意匠を施され、世界中から「日本モダニズムの傑作」と評される名ホテルです。

現在の新館は老朽化による建て替えを経て、本年令和元年九月にリニューアルオープンし、さらに開放的に生まれ変わりました。私たちのサロンは現在プレステージタワーの四階にあり、従来のウェディングや成人式でお越しになるお客さまはもちろんのこと、タワー内のオフィスに通う女性のみなさまにもご好評いただいております。

私たちがオークラ東京にご縁ができてもうすぐ60年になります。町の美容室にすぎない私たちがこのような素晴らしいホテルに入ることができたのも、すべてお客さまのおかげでした。

開業時、旧大倉財閥の大倉喜八郎氏が強い意気込みで開業するホテルだという話題性もあり、テナントとしてすでに有名美容室がいくつも手を挙げていました。そこに、ある大企業の奥さまが「良い美容室があるわよ」と私たちを推薦してくださったのです。

さっそく祖父母はホテルオークラ東京に呼ばれ、今で言うプレゼンテーションをすることになりました。

とは言え、我が家には財産があるわけでも、ひとの目を惹くような華々しい経歴があるわけでもありません。何を伝えすれば、オークラにふさわしいと思ってもらえるのか…。祖父母は頭を悩ませ、行き着いた答えが「私たちの財産はお客さま」ということでした。

私たちは、日々目の前のお客さまのために毎日の仕事をしっかりこなす職人。みなさんが美しくなるための裏方にすぎません。技術には自信がありますが、どなたにも理解していただける良さといえば、「素晴らしいお客さまが通ってくださっていることだ」と考えたのです。そして祖父は通っていただいているお客さまのお名前を墨文字で書き、オークラの担当者に見せしました（おおらかな時代だったとご容赦くださ い）。そこには各宮家のみなさまをはじめ、旧財閥の奥さま、大企業の創業者のご一族、大物政治家のお嬢さまなど、綺羅星のようなお名前が書き連ねてありました。

それを一読したオークラの担当者は「これほどのお客さまがオークラに足を運んでくださるのなら言うことはない」と言って採用してくださったそうです。

最初は本館、さらに10年後に別館ができた時にも入店させていただくことができ、またこのタイミングで六本木の店のビルが建て直しになったことを受けて、与儀美容室はオークラ東京内だけで営業していくことになります。

オークラ東京に移ってからも皇室のみなさまとのご縁は続きました。三笠宮家の第一皇女・甯子《やすこ》さまの御婚儀では、お生まれになってからずっとお越しくださっていることもあり、「すべて与儀さんにお任せするわね」と全幅の信頼を寄せていただいたと聞きました。今でも毎週のようにお越しいただいている、大切なお客さまです。

私が生まれた後、昭和80年代には、「ひげの殿下」として国民に人気のあった寛仁親王の御婚儀を承り、親王妃信子殿下（麻生信子さま）のお支度もさせていただきました。

昭和58年。三笠宮家の第二皇女・容子さまの裏千家への輿入れの時のことです。京都でのお式でしたがご縁の深い三笠宮妃殿下のご息女ということもあり、私たちが務めさせていただくことになりました。

容子さまは裏千家今日庵でお式をされた後、すぐにおすべらかしを洋髪に結い直し、天皇陛下お差し回し車で都ホテルに晩餐会のために移動されます。前にも書きましたが、鬢付け油を髪を傷めず素早く落とし、さらに洋髪に結い上げるためには、大変な技術が必要なのです。

この時、祖母がそれを見事にやり遂げたということが、大変な評判になりました。実際にその目でご覧になった、さる宮中の方が「与儀さんのところは手際よくやってくれる」と太鼓判を押してくださったと伺っております。

また、こんなエピソードもありました。都ホテルの披露宴では、容子さまはお振り袖をお召しになったのですが、その時の御御帯《おみおび》は、三笠宮百合子妃殿下が昭憲皇太后さまからいただいたという大切な帯でした。その帯はたいへん硬い綴《つづ》れで、柄出しも難しく、しかもいちばん重要なところに「君が代は千代に八千代に」という織りが出てくるような帯だったのです。じつは今まで誰も締められなかったというその御御帯を、祖母と母が試行錯誤を重ね、帯の中心に「君が代」の織りを出すことができ、百合子妃殿下から「見事ね」とお褒めのお言葉もいただくことができたのは今でも母の心に強く残っているそうです。

これをきっかけに、私たちに高い技術があるということが徐々に知られるようになりました。

そして、この時いただいたお褒めの言葉、そして高い技術への評判が、七年後の秋篠宮妃紀子さまの御婚礼のお支度につながり、さらにそこから秋篠宮家、今上天皇家とのご縁につながっていくとは、まだ誰も夢にも思っていなかったのでした。

紀子妃殿下のお支度の日

昭和59年。高円宮憲仁親王妃久子さまの御婚儀のお支度をさせていただいた頃には、祖母は一度倒れたこともあってアドバイス役にまわり、母のみどりが仕事の中心になっていました。

そして、平成二年。秋篠宮妃紀子さまのお支度をご用命いただいたのは、先の千さまのお支度の仕事ぶりが買われてのことだったと伺っております。祖母が裸電球の下で研究した日から四十年あまりの月日を経て、鍛錬が報われた瞬間でした。大変光栄に感じたと、母は今でもよく振り返ります。

この御婚儀は、「紀子さまブーム」の影響もあり、平成最初のご慶事として大変注目されておりました。

平成初のご慶事として日本中から注目された結婚の儀。ティアラのお姿も美しい紀子さま。（写真：朝日新聞社提供）

すべてが終わって母が顔をあげると、仕事に集中していたのか、祖母の白目が真っ赤に充血していました。

「あら、目が真っ赤よ」

「あら、あなたも真っ赤よ」

祖母に言われて鏡を見ると母の目も真っ赤。よく見るともうひとりのスタッフの目まで真っ赤で、思わず三人で顔を見合わせて笑ったそうです。

この日のために練習を重ね、抜かりなく準備をしていた母たちですが、世界中から注目を浴びる美しいプリンセスをお手伝いするプレッシャーから極度の緊張状態にあったのでしょう。

手前味噌で恐縮ですが、この時の紀子さまのスタイル、そして後の雅子さまのスタイルも、今見ても充分に美しいと言っていただける仕上がりなのではないでしょうか。

私たちが皇室のお支度をさせていただく時に、もっとも大切にするのは、「オーソドックスであること」です。時代や流行にとらわれない、タイムレスな美を追求しております。10年経っても50年経っても美しいと思っていただけるスタイルづくりが永遠のテーマだと言っても過言ではありません。

その上で、その方本来の美を引き出すように心がけています。

メイクに関しても、いかにも「メイクをした」というような不自然なメイクや濃いメイクはせず、その方の美しさを引き立たせることを常に意識しています。

「今日のメイクはおきれいですね」と言われることは、私たちにとって褒め言葉でも何でもありません。「今日はなんだかおきれいですね」と言われるような、ナチュラルな美しさを引き出すのが仕事なのです。

「美容の真髄とは、その人本来の美を引き出し、その日の元気と生きる勇気を与えること」という祖母の言葉のとおり、私たちの仕事はその方のお人柄や内面からあふれる美しさを引き出し、笑顔になっていただくことなのではないでしょうか。

祖母は84歳まで現役で働き、倒れる直前まで与儀美容室の顔でした。今でもオークラでカッカッカッカッカッカッと甲高いハイヒールの足音が聞こえると、せっかちで職人肌だったおばあちゃまのことを思い出します。

第四章

母から学んだ「当たり前」のすごさ

家庭の主婦から美の職人へ

私の母・与儀みどりが生まれたのは、昭和20年、敗戦の年でございました。戦後の混乱期で東京の街もひどいありさまだったそうですが、戦時中禁じられていたおしゃれを、再び女性が楽しめる時代の幕開けでもありました。

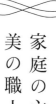

母の幼い頃の思い出といえば、教文館のくるくる回る回転ドア、連合軍に接収されていた和光に行き交う将校の奥さまのモダンなスタイルなど、復興しつつある華やかな銀座の街の姿そのものだったようです。母は、戦後の煤《すす》けた街に明るい光が戻ってくるさまを実感しながら育ったのではないでしょうか。

さて、今や仕事に猪突猛進な母ですが、私が生まれた頃は家庭を守る専業主婦でした。学生時代に美容師免許を取っていたものの、祖母がずっと働いていた反動からか

「子供におやつをつくってあげるようなお母さんになりたい」という気持ちが大きくなり、二年ほど美容室で働いた後すぐに結婚して家庭に入っておりました。

それが一転したのは、兄が六歳、私が二歳の頃。祖母が突然倒れ、母がオークラの店を取り仕切らなければいけなくなったのです。倒れた祖母の面倒、そして私たちの育児が、母ひとりの肩にのしかかったのでした。当時は本当に大変だったはずですが、万事ポジティブな母は「あれが乗り越えられたから今があるのよね」と振り返ります。

突然保育園に入れられてギャーギャー泣きわめく私と、やんちゃざかりの兄の世話。祖母の看病、そして慣れない仕事…。母は一ヶ月で13キロも痩せたそうです。

泣きやまない私を保育園に送るのがつらくて、泣きながらオークラに向かう毎日…。私があまりに泣いた日は、保育園に「うちの子大丈夫ですか？」と電話したそうですが、そんな日に限ってけろっと元気になって遊んでいたそうですから、子供の順応性とはすごいものです。

お手伝いさんが来てくれるようになるまで、私たちの食事もすべて母がつくってくれていました。今のように食品の宅配などはありませんから、買い物も料理もすべてが大変だったのではないでしょうか。

そんな家事の負担以上に母を苦しめたのは、職人としてのブランクでした。スタッフに何かものを言おうにも、相手の方が技術があり、反発を買ってしまうこともあったようです。行きは私のことで泣き、帰りは仕事のことで泣き、母は人が見ていないところではずっと泣いていたのだと聞きました。

そんなにつらい状態でなぜ仕事を投げ出さなかったのか、母に聞いてみたことがありました。

「やっぱり母のことを尊敬していたからでしょうね。もちろん、スタッフの生活を支えなきゃいけないという思いはあったけれど、でもなぜそれでもやっていたかと考えると、やっぱり仕事が楽しいからよね」

その後、祖母の体調も回復し職場にも復帰しましたが、母は職場に残り、祖母と一緒に働いていました。母が仕事を本格的に始めてから七、八年経ったある日のこと。仕事をしている母の頭の中にふっとこんな考えが降りてきたのだそうです。

「きっと私をこの場所（美容室）に引っ張り出すために、お母さんは倒れたんだわ」

オークラ東京旧本館にて母・みどり（左）と。バックに写るオークラ・ランターンが印象的。（写真：与儀美容室提供）

自分の技術にある程度自信が持てるようになった頃のことでした。その日からは急に仕事が楽しくなり、バリバリとこなせるようになったと言います。

母も根っこの部分では祖母と同じく職人の性分だったのではないでしょうか。それに気づかせたのが祖母の病気でした。

じつは私が与儀美容室に入ったきっかけも、祖母が倒れたことでした。看病と仕事を両立する母を支えるため、美容室の仕事をはじめたのです。そういう意味では、私も母も、常に祖母に導かれているようにさえ感じるのです。

今でも変わらぬ学びの姿勢

最初は力不足で泣いていた母も美容室を継いで数年が経ち、たくさんのお客さまに愛され、業界の内外からも評価をいただくようなりました。それでも母は、常に最新の美容や着付けの情報にアンテナを張り巡らせています。その情報収集力には恐れ入ることもしばしばです。

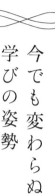

最近もこんなことがありました。母のスマートフォンに何度も何度も通信速度制限がかかるので、「もしかして、動画を観てるの？」と聞くと、「ＹｏｕＴｕｂｅを観てるのよ」という答えが返ってきたのです。

なんと母は、ＹｏｕＴｕｂｅにアップされた帯結びの動画を熱心に視聴していたというのです。自分よりずっと若い方たちがあげた動画を観て、「これも可愛いわね」「これはどうかしら」と暇を見つけては自分で試していたというのですから、母の仕事への熱量には驚いてしまいます。

今年の成人式では、母が習得したそんな「かわいい帯結び」が大人気でした。少しでも良いと思ったら、自分よりずっと経験の少ない人からでも学ぶ。その柔軟な姿勢には、本当に頭が下がります。

このようなストイックな気持ちで仕事をしているのは、母だけではありません。私どもの美容室では75歳のスタッフが現役で働いていますが、彼女が流行の「ゆるふわ」スタイルを習得したのには驚きました。

彼女は妃殿下の担当を務め、今でもたくさんの指名客を持っている人気美容師です。「ゆるふわ」なアレンジは若い方が好まれるので、基本的には若手のスタッフが対応するのですが、他のスタッフの仕事を見ているうちに、編み込みをベースに逆毛を立てて〝ふわっと〟アレンジする技を覚えてしまいました。

75歳の先輩が常に新しいことを学ぶ姿勢を見せてくれるのですから、若いスタッフももっと学ぼうと気合が入ります。二十代から七十代まで同じ場所で働いておりますから、それぞれの世代が刺激を与え合う良い雰囲気が生まれやすいのです。

与儀美容室の技術は、こうした汲めども尽きぬ好奇心と鍛錬によって支えられております。

好奇心と言えば、与儀美容室では固定のブランドやアイテムを使い続けることはありません。シャンプーだけでも何種類も置いてありますが、スタッフが良いと思ったものだけが残り、ピンと来なかったものは淘汰されていきます。他の美容室よりアイテムの新陳代謝が激しいのではないでしょうか。

街の美容室に行くと、すべての席に同じドライヤーが備えられている光景を見ることがありますが、何種類か用途に応じたドライヤーがあるので、与儀美容室ではスタッフそれぞれがお客さまにあったドライヤーを使っています。当然、機種もメーカーもバラバラです。うちのスタッフは常に良いものを求めて情報収集に励みます。機材も、ヘアケア用品も、メイク用品も、スキンケアも、すべて同じです。

良いと思えば金額にもこだわりません。もちろん高級なコスメに良いものはありますが、最近は安くても優秀なアイテムが増えてきました。

母は、時々ドラッグストアに行っては若い人に交じり、いろいろなコスメを試しています。値段にとらわれず、常により良いものを探しているということや、最新の流行や便利なアイテムを知っておきたいためです。そして、良いと思ったものはすぐに自分で買って試します。一時大流行したクッションファンデなどは、これまでにいくつ買ったか分かりません。テレビの通販番組で見た化粧品も、気になったらすぐに購入して自分の肌で試しています。

アトピー気味の肌で悩まれている花嫁のお支度を担当した時は、肌にやさしいと言われる化粧品を買い集め、すべて母が自分の肌で試しました。

合わないものもあったのか、顔が腫れてパンパンになったり、皮が剥けるものもあったのですが、その中にひとつだけ、まったく肌に刺激がない「これぞ」というものを見つけ出し、リハーサルに臨んだそうです。花嫁から「こちらで結構です」と言っていただけた時は、本当にうれしかったそうです。

「目の前のお客さまに対して最高の仕事をする」ために、日々勉強し続ける。それが私たちにとって一番大事な姿勢なのだと、母を見ていると改めて感じるのでした。

三度目のノーベル賞授賞式でのお支度

ノーベル賞の授賞式のお仕事は、京大の山中伸弥先生が受賞された年にはじまり、青色発光ダイオードを研究、発明された中村修二先生、天野浩先生の年にも随行させていただきました。平成30年の本庶佑先生のお支度は私たちにとっては三度目のことです。

前回までは奥さま方の着付けなどを担当させていただいておりましたが、今回は本庶先生自ら和装で臨まれると出発前にマスコミにお話しになっていたので、いつも以上に注目が集まりました。

ノーベル賞のお支度をさせていただいているというと、「そういったお仕事はどちらからご依頼が来るですか?」と聞かれることがございますが、私たちから働きかけをしたことは一度もありません。

最初のきっかけは、長年私たちの美容室に通われている常連のお客さまからのご相談でした。山中先生の奥さまが着物を着て出席されたいとおっしゃっているのですが、「現地で着物をうまく着せられる人がいない。誰か良い方はいらっしゃらないかしら?」とおっしゃるのです。

母の着付けは「苦しくない」と評判で、母を指名でいらっしゃる方があとを絶ちません。そんなこともあって「着付けのことなら与儀さん」とご相談いただいたのです。

しかし、山中先生は関西にお住まいですので、関西の美容師の方が行かれるのが当然に思えました。母は、関西の方を紹介したり、慣れない外国の現場で考えられることをあれこれ奥さまにお伝えしていたようです。

「まさか、先生に行っていただけたりしないわよね?」と奥さまに言われた時も、

「ちょっとそれは難しいと思います」

と答えていました。お話をいただいたのは十一月。授賞式は美容室の繁忙期でもある十二月でした。スケジュールがタイトなことと、ストックホルムに行くために、今

から一週間予定は空けられないと思ったからです。

私は、母のあっさりした反応に少し驚きましたが、どこかホッとしたものでした。ですが、ひと晩経つと母は「やっぱり行こうかしら」と言うのです。

「全世界で配信されるノーベル賞の受賞式では、日本人としてきれいに着物を着ていただきたいなって思うの。今まで着物の仕事をしてきた身としては、着物に恩返しがしたいと思っているのよ」という気持ちからだそうです。

けして「ノーベル賞という大舞台で仕事をしたい」ということではなく「着物へ恩返しがしたい」というのが、実に母らしいなと思いました。きっとこの件も夜通し考えた末の決断なのでしょう。

すぐにサロンのスケジュール確認すると、頼まれていた結婚式や仕事は十一月に集中しており、クリスマス前のノーベルウィークには入っていなかったのです。慌てて先方にご連絡をしたところ、大変喜んでいただき授賞式のお支度をさせていただくことになったのでした。

余談ですが、ノーベル賞での仕事に限らず、私たちは出張の時は大きな手荷物を持って移動いたします。現場に着いてから「ホットカーラーがありません」「ピンもありません」では話になりませんので、トランジットなどでなくさないようにすべて手荷物で機内に持ち込むのです。自分の洋服や持ち物は二の次。最悪なくなってもいい、という気持ちでおります。

そんな重い手荷物を抱えてやってきた三回目のストックホルムは、さすがにホテルや会場の雰囲気にも慣れ、当日の流れも把握しているので段取りに不安はありませんでした。

ですが、母が出発前からずっと気にしていたことがありました。それは本庶先生がお履きになる「雪駄《せった》」のことです。授賞式の夜に行われる晩餐会の会場では、受賞者の先生は大階段を歩いて降りて行かれます。女性のお草履と違って男性の雪駄はきゅっと詰まっておらず、結構脱げやすいものなのです。

もし、大階段を降りられる時に、雪駄がポンッと脱げて飛んでしまったら…と、母は日本にいる間から気が気でないようでした。

「雪駄をおしぼりで濡らすというのもひとつの手よね」

「水で？　ストックホルムの寒さで凍ってしまうかもしれないわよ」

「そうね。じゃあ、あとは両面テープで貼るというのもあるわね。それから、ゴムを後ろにつけるというのも…」

ストックホルムに向かうずっと前から、母は本当に夢中になって雪駄が滑らない方法を考えておりました。

「私たちの仕事は、どういう状況でもお客さまにご無事で過ごしていただくか、満足していただくかを、真剣に考えるしかないのよ」

と、よく母は言います。

「ただお着付けをすれば良いというものではないんです。今回だって、先生にいかにご立派に心地よくお過ごしいただけるかということを、真剣に考えなくちゃいけません。仕事というのはすべてそういうことですよ。私たちは裏方ですから」

最近では宮家のお仕事をさせていただいていることをマスコミに取り上げていただき、取材の依頼を受けることも増えましたが、私たち与儀美容室の仕事の軸になるのは、この「裏方」に徹するという思いです。真剣に相手のことを思いやり、どれだけ親切を尽くせるかということを考えなければいけないのです。

さて、雪駄の話に戻りましょう。ゴムをつけるか足袋を縫うかと思い悩んだ末、母が選んだ方法はゴムの滑り止めシートでした。じつはこの滑り止めシートは、私たちにはなじみのあるものなのです。花嫁にウェディングドレスをお着せする時、これを巻いておくとドレスがずれず、きれいに着ていただくことができます。母はそれをストックホルムに持ち込んだのでした。

母は滑り止めシートを足の形に切り、足袋の裏に縫い付けて先生に履いていただいたのです。すると、シートのおかげで雪駄が足袋にきゅっと止まり、ずれることなくきれいに歩いていただくことができました。先生を送り出す母の肩が、安堵でほっと緩んだことをよく覚えています。

ノーベル賞授賞式への和装での出席は、川端康成先生以来半世紀ぶりのことでした。本庶先生の黒い紋付き袴姿は世界中の方から注目され、「品が良い」「日本の美を表現した」と大絶賛されました。

「おかげで安心して歩けましたよ」

式の後、先生にお褒めの言葉をいただいた時、母は本当にうれしそうでした。先生にいかにご立派に心地よく過ごしていただくかを考え続けた、母の数ヶ月の努力が報われた瞬間でございました。

三回目だったとはいえ、先生が階段を降りるシーンまで想像して、母があのような準備をしたことを思うと、仕事の先輩として尊敬の念が湧く一方、「自分はまだまだ足りないのだろうか」と不安な気持ちも芽生えます。

祖母から受け継ぎ母が育てた与儀美容室の「親切」をもっと深く学ばなければと、気持ちを引き締める良い機会になりました。

母がとくに思い出深いと語るのが、今上天皇と雅子妃殿下の結婚の儀のお支度の際のことです。中継していたＮＨＫの視聴率が30％を超えるという、かつてない熱狂で迎えられた御婚儀でございました。

祖母・母・私のロイヤルウェディング

空前のブームになった雅子さまのロイヤルウェディングのお支度ですが、私たちにお声がけいただいたのは、平成五年の四月のこと。御婚儀まで2ヶ月をきったタイミングでした。

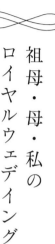

一月の段階ではすでに「与儀さんにお願いしよう」というお話になっていたそうなのですが、私たちにお伝えいただくまで時間がかかったのは、当時まだ現場で現役だった祖母が張り切り過ぎて体調を崩さないようにとお気遣いいただいてのことだったそうです。

たしかに研究熱心な祖母のことですから、事前に分かっていたら根を詰めて、また倒れていたに違いありません。もちろん私たちも、報道で御婚儀があることは存じあげていましたが、すでに他の美容室が担当されると決まっているのだろうと思い込んでいたのです。ですから、正式にご依頼いただいた時は本当に驚きました。

当日までに雅子さまにお会いできる機会は二回しかありませんでした。デザイナーの森英恵先生のところでドレスの試着をされる時と、リハーサルの時だけです。祖母と母は、雑誌や新聞から雅子さまのありとあらゆる写真を集め、お顔立ちや耳の位置などを確認し、どんなスタイルが似合うのかを検討させていただいておりました。

サイドのラインをほんのちょっとお耳にかけると上品になるのではないか、ティアラをつけるので目元は少し強調した方が良いのではないか、といった技術的なポイントなどをこと細かく考えていくのです。

そうして練りに練った末にデザイン画を描き、打ち合わせを経て、スタイルが決まったらあとは本番に向けてひたすら練習を繰り返します。練習台になったのは、僭越ながら当時髪が長かった高校生の私でした。

何しろ当日に現場に入ることができる人数はわずか三名。おすべらかしになった御髪を洗って鬢付け油を落とし、その濡れた髪を乾かしてアップスタイルにしてティアラをつけメイクをする。というところまでで、時間は一時間半しかありません。

また、皇室の方の御婚儀には、気を配ることが山のようにございます。たとえば海外ではティアラでお辞儀をすることはありませんが、日本では天皇陛下に最敬礼をなさいます。45度ほど頭を傾けるのですから深く礼をされてもティアラが落ちない工夫が必要なのです。

さらに屋外を30分以上オープンカーで走るパレード中はお直しができませんから、風や雨で一切崩れないようにセットさせていただかなければいけません。母も祖母も、それをサポートする私も、緊張の日々が続きました。

こうして迎えた六月九日。前日からの雨はまだ降り続いていました。雨が降り止まない空を見上げて母は「パレードは中止かもしれない」と思ったそうです。

おふたりは皇居で朝見《ちょうけん》の儀《ぎ》に臨まれた後、車寄せからオープンカーにお乗りになって赤坂の東宮仮御所までの4・2キロをパレードし、国民の祝福を受けることになっていました。しかし、朝見の儀が終わる頃になっても、まだ雨は止みません。

雨に濡れたら御髪はどうなるのだろう、オープンカーでなかったら沿道のみなさん

パレード直前まで降り続いていた雨も止み、笑顔で手を振る
雅子さまの麗しいお姿。（写真：朝日新聞社提供）

にどう見えるのだろうと、母は気が気ではありませんでした。

16時43分、朝見の儀を終えたおふたりが車寄せにお越しになりました。母が祈るように空を見上げた時のことです。重い雲がサッとかき消え、ティアラをのせた妃殿下の髪に明るい光が差し込みました。そのお姿の神々しさに母はハッと息をのんだと言います。

御所の空気はいつも特別な神聖さがあるのですが、この時は格別に空気が澄んでいて、神秘的な力を感じたそうです。笑顔のおふたりを乗せたオープンカーが滑り出し、沿道に詰めかけた

19万人がその姿に歓声をあげたのでした。

婚約内定前からずっと雅子さまを追い続けてきた「雅子さま番」の記者の方が母のところにお越しになって、「今まで見た雅子さまの中で一番美しかった。人をこんなに輝かせる仕事があるのですね」と言ってくださったそうです。

実際、沿道に笑顔で手を振られた雅子さまのヘアスタイルやメイクは、どの角度から見ても品良く美しく見えると、多くの方から絶賛していただきました。

「あの仕事は私がやりました」と言いたがらない母ですが、昨年ご成婚25周年を記念した日本テレビの番組『皇室日記』には、私と一緒に出演させていただきました。常に裏方に徹する母にとっても、後年語りたくなるほど晴れがましい記憶なのではないかと思います。

皇室の方のお支度やノーベル賞の授賞式といったお仕事のお話を少し書かせていただきました。仕事をしていれば葛藤することもありますし、力不足でお叱りを受けることもあります。ですがそれを糧にしながら、お客さまのために毎日努力を続ける。そんな日々の仕事の積み重ねが、このような華々しいお仕事につながっているのではなないかと思うのです。

第五章

私が受け継いだもの

美容室とともに育つ

私、与儀育子は子供の頃からホテルオークラ東京に親しんで育ちました。

夏休みになると朝からオークラのプールで泳ぎ、昼は母とテラスレストランで食事、午後もまたプールで泳ぐ毎日…。お正月の三が日は、母と祖母が仕事をしている間、本館にあった「平安」という宴会場で過ごしました。宿泊者のお子さま向けに期間限定のゲームセンターが開設されていたのです。

幼い私と兄にとってはホテルオークラ東京が遊び場でした。もちろん美容室のスタッフにも家族同然にかわいがってもらい、母たちの仕事ぶりを毎日のように見て育ちました。それでも、母と祖母から美容師になれと言われたことは一度もなかったのです。

どのような仕事においてもそうだと思いますが、美容の仕事も楽しいことばかりではありません。時にはお客さまから厳しいお言葉を頂戴することもございます。この仕事の苦労や重みを充分理解しているだけに、祖母も母も、私に対して「継ぎなさい」とは言えなかったのではないでしょうか。

そんな周囲の思いを知るよしもなく、私は美容師免許こそ取得したものの、ほとんどすべての時間をラクロスに捧げる活発な女子大生でした。

大学三年生の頃、二部リーグに降格になってしまった時の悔しさは今でもよく覚えています。「一部リーグに上がるためにできることは何でもしよう！」と奮起し、練習に打ち込むのはもちろんのこと、当時まだ珍しかったメンタルトレーニングも取り入れました。

この時、私たちが出会ったのが、Jリーグ、V・ファーレン長崎のメンタルアドバイザーを務め、「スラムダンクの勝利学」などの著作でも有名なスポーツドクターの辻秀一先生でした。先生はパフォーマンスを最大化する心理状態「ＦＬＯＷ」を生み出すためのメソッドをはじめ、勝つために必要なスポーツ心理学を、私たち学生相手に丁寧に指導してくださったのです。

すると、負けが重なって弱腰になっていた私たち三年生はもちろんのこと、それまで一度も勝った経験のない一年生さえもどんどんポジティブになり、勝てるチームに変化していくのを体感しました。そして、四年年の終わりに、ついに成蹊大学女子ラクロス部は二部リーグで見事優勝し、一部リーグに昇格を果たしたのです。

「気持ちを変えるだけでこんなに変わるんだ！」

それまでプレーを磨くことだけを考えていた私にとって、それはまさに目から鱗でした。

人間は心が良い状態にあれば身体機能が上がる、そして、パフォーマンスが上がるという学びは、その後も仕事を続けていくうえで、とても役立っています。一時はスポーツ心理学に興味が湧き、スポーツトレーナーを目指そうかとも思いましたが、大学にはそれにかかわる学部がなかったこともあり断念しました。

しかし、大学時代のこの経験は、私にとって初めての成功体験になったのです。

卒業後は学生の頃に打ち込めなかったお華やお茶、日本舞踊などのお稽古事にいそしむことにしました。働きはじめた友人たちを横目に「こんなことをしていていいのかしら」と思うこともありましたが、この時にお稽古事で培った美的感覚が仕事で役立ち、今では同級生たちより長く働いているのですから不思議なものです。

そんな日々を送っていたある日、突然祖母が倒れました。あまりに急だったことと、忙しい時期が重なったこともあり、美容室は大混乱になりました。しかも予約はずっと先まで埋まっているのです。

そんなこともあり、「週一日でいいから手伝って」と母から頼まれ、フロントで予約を取ったり会計の手伝いをするようになりました。最初の頃は予約時間外に予約を入れてしまうような失敗もありましたが、子供の頃から慣れ親しんだ店のことですから、慣れるまでにあまり時間はかかりませんでした。

そのうち、フロントのスタッフが産休に入ることになり、母から「じゃあもう一日増やしてもいい？」と頼まれ週二日勤務に。それから美容室の仕事が忙しくなるたびに「あともう一日、増やしていいわよね」とだんだん出勤日が増えていき、いつの間にかずっと働くようになっていました。与儀美容室はオークラ東京と同じく年中無休ですから、結局は母と同じく毎日美容室に通うことに。

その頃には、子供の頃から親しんだオークラで気心の知れたスタッフと会うのが楽しくなり、「私にとってこの場所で働くことが運命なのかな」とまで感じるようになっていました。

もしかしたらこれは母の作戦勝ちなのかもしれません。

こうして、まるで運命に導かれるように与儀美容室三代目の道を歩み出した私ですが、いざ仕事に就いてみると、この役割を担えるのは祖母の孫であり母の娘である私しかいないのだと改めて実感しています。

ふとした瞬間に、与儀家に脈々と受け継がれた「美の職人」の血が自分の中にも流れているのだと感じるのです。

わんぱく相撲と300本のメガホン

今でこそ与儀美容室のビジョンを考えるようになった私ですが、10年以上前はビジネスの基本的な部分も分からないような状態でした。美容師として自分の技術を磨くことで精一杯で、経営のことを考える余裕などなかったのです。

そんな私の転機になったのは平成17年。青年会議所に入会したことでした。ご存知の方もいらっしゃると思いますが、青年会議所は国際青年会議所（ＪＣＩ）の日本組織で、主に経営者や事業承継を予定している二十～四十歳の若者による組織です。

会員同士で実務経験を高め合いながら、社会貢献を行うことも目的としており、卒業生には、美容室のお客さまでもある老舗企業の経営者や首相経験者も数多くいらっしゃいます。私はこの青年会議所に入会したことで、初めて美容室の外の世界を知ることになりました。

私が入った東京青年会議所港区委員会は、場所から多種多様な業種のメンバーが集まっていました。私のように戦前から続いてきた古い会社の方もいれば、自分で会社を立ち上げたベンチャー企業の方もいらっしゃいました。

そんなバックボーンの違う方々とご一緒できたことが、とても大きな刺激になったのでした。とくに良い経験になったのは、青年会議所最大の教育事業である「わんぱく相撲」の港区大会実行委員長をやらせていただいたことです。

この「わんぱく相撲」は、戦後遊び場が少なくなった子供たちの体力増進と礼節を学ぶ場づくりとして、昭和51年にはじまりました。全国各地の予選会を勝ち上がった子供たちが、両国国技館で行われる全国大会で雌雄を決します。のちの大横綱となった貴乃花光司さんも、この「わんぱく相撲」の優勝者です。

そんな伝統ある大会の記念すべき第30回大会を、私がお手伝いすることになったのです。女性の実行委員長は初のことでした。

しかし、当初はわからないことばかりで胃がキリキリと痛くなることもありました。

「わんぱく相撲」を、開催するには地域の企業のみなさんの協力が必要で、企画書をつくってアポイントを取り協賛をお願いするのですが、そのアポの電話ひとつとっても初めてのこと。電話するたびに緊張で手が震えました。

さらに、直接お伺いして企画を提案するのですが、納得いただけなかった時の悔しさと言ったら…。一口一万円の協賛をいただくのがいかに大変なことなのか身をもって体験しました。

ただ闇雲にお願いをしても熱意しか伝わらないと分かり、相手の方の心を動かすために「応援」というテーマを決めました。

大学時代、スポーツドクターの辻先生に教えていただいた理論の中に「ミラーイメージの法則」というものがありました。相手に向けた感情が鏡のように跳ね返ってきて、自分の行動や考えに影響を与えるというスポーツ心理学の考え方です。スポーツ選手がライバルを褒め称えたり励ましたりしている様子を見ることがありますが、彼らはそうすることで自分自身も良い方向に導くことができることを知っているのだそうです。私はこの理論を「わんぱく相撲」で実践しようと考えました。

自分の中に「これだ！」というものがあると、不思議と大胆に行動できるものです。

さっそくメガホンを製造している会社に電話をかけ、協賛のお願いをしました。すると「300個さしあげますよ」と快く応じてくださったのです。これが弾みとなり、最終的にはたくさんの協賛やボランティアなどの応援をいただいて、無事開催にこぎつけることができました。

港区大会の当日、会場となった区内の中学校には区長をはじめ、たくさんの来賓がお越しになり、ボランティアのみなさんや、スペシャルオリンピックスの子どもたちのダンスが花を添え、会場は大いに盛り上がりました。土俵に向かって応援する300本のメガホンは壮観で、今までにない盛り上がりだったとみなさまからお褒めの言葉をいただき、感激したものです。

メダルをもらって笑顔になる子、悔しさに泣き顔になる子。子どもたちのいろいろな表情を見ていると、それまでの努力がすべて報われた気がしました。この時の経験が、ひとつのプロジェクトを成し遂げることの大切さ、大変さを、私に教えてくれたのでした。

美容室の外から学んだこと

ひとつのプロジェクトを成し遂げるという意味で思い出深いことがございました。それは平成28年、オークラ東京の本館が改装になるタイミングで青山の「シングスアオヤマ オーガニック ガーデン」という一軒家タイプの式場に出店することが決まった時のことです。

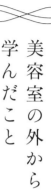

シングスアオヤマ オーガニック ガーデンはホテルオークラの正統的な雰囲気とはまったく異なり、カジュアルで自由な空間で挙げるカリフォルニア・スタイルの挙式が人気の式場です。今までと違う場所で私たちの技術が通用するのか少し不安はありましたが、与儀美容室にとっては大きなチャレンジでもありました。

式場からのお声がけで入店は決まっていたものの、ヘアスタイリングのリハーサルを何度重ねてもOKが出ません。「お客さまの要望と違う」、「式場の雰囲気に合わない」と、NGが出てしまうのです。私たちは困り果ててしまいました。

自信を持って言えることですが、私たちの技術力は確かです。定番の「夜会巻き」ひとつとっても、他の美容室から来たスタッフが「私が今までやっていたのは夜会巻きではありませんでした」と言うほど。クオリティには絶対の自信がございます。

夜会巻きのようなクラッシックなアレンジは、面を艶やかに出したり、毛の流れで上品さを表現するような高度な技術が求められます。これこそが与儀美容室の得意な「ザ・ホテルウェディングのスタイル」でした。

しかし、シングスアオヤマ オーガニック ガーデンで私たちが求められたのは、例えば「海からあがったばかりのようなスタイル」といったカジュアルなアレンジです。編み込みやねじりを使いくずしてルーズな抜け感をつくるのは、私たちにとってやり慣れていないものだったのです。

熟練のスタッフが毎晩ウィッグで練習しても、納得のできるものができません。どこをどうすればルーズな雰囲気になるのか、「海からあがったばかり」のカジュアルさが出るのか…。試行錯誤の日々が続きました。

そんな時、あるスタッフがインスタグラムの画像を見せてくれました。ルーズでかわいいアレンジの数々。若い花嫁たちに大人気のスタイリスト・斧川裕大さんのアレンジでした。

「この方に講習会を開いていただこう」

私はその場で斧川さんのインスタグラムをフォローし、DM（ダイレクトメッセージ）でご連絡させていただきました。斧川さんは突然送られてきた「与儀でございます」というメッセージに大変驚かれたそうで、すぐにお電話を頂戴しました。

しかし、ここでひとつ大きな問題が発生したのです。それは私たちがアレンジを学ぶことにかかる時間。アレンジを学ぶには最低でも1日半の時間が必要だということで、その間美容室の仕事はどうすればいいのか…。与儀美容室は開業以来ホテルと同じく年中無休で、休みを取ったことがないのです。

「お店を休みにしよう」

私は覚悟を決めました。与儀美容室の技術力で新しいスタイルができるようになれば、流行に敏感な若いお客さまにも間違いなく満足いただけるようになるはずで、そのための投資と考え全員で講習を受けた方が良いと思ったのです。これは大きなな決断でした。

おそるおそる母に相談すると、最初はやはり「休むのはダメよ。お客さまにご迷惑がかかるでしょ」と即答されましたが、何回も何回も話し合ううちに納得してくれました。

私の思いや熱意を尊重してくれたことに本当に感謝しています。お客さまのためにと真剣に話し合った私たちですが、学ぶことの重要性を誰よりも分かっているのは母のなのだと痛感します。

お客さまに休みのご連絡をさしあげた時、意外な反応がありました。長年通っていただいている常連のお客さまほど「あらいいじゃない」と歓迎ムードだったのです。おばあさま、お母様の代から続く長いお付き合いのお客さまだからこそ、「勉強したい」という私たちのわがままも優しく聞いていただけたのかもしれません。

ただし、経営者としては、休業による金銭的な損失などを考えると、頭が痛くなるのも事実です。それでも、今、無理をしてでもやる意味があるのだと、私は自分を励ましながら当日を迎えました。

斧川さんの講習会には大阪のスタッフも呼び、二十代から七十代までスタッフ全員で学びました。基礎的な技術があるベテランが多いため、一度理解すると「あらこうなっていたのね」、「これを組み合わせているのね」とのみ込みが早いのです。ウィッグでの練習ではあれほどできなかったことがスルスルとできるようになり、いろいろなアレンジをあっという間に習得していきました。

現在では習った技術にさらに与儀美容室流のアレンジを加えて、お客さまにご提案しています。スタッフ全員に受けてもらったおかげで、青山のお店だけでなく大阪でも、もちろんオークラでも、若いお客さまのニーズに応えられるようになりました。成人式の時など、若いお嬢さま方にとても喜んでいただいております。

あの時店を休みにしたのは大きな決断でしたが、おかげで美容室にさらになる活気が生まれました。自分のできることが増えるのはどんな技術者にとっても、うれしいものなのです。新しいものに臆することなく挑戦し、自分たちのものにしていくこと。

それが私たちにとって大切なことだと、改めて気づかされた出来事でした。

美容の現場で働きはじめてからは、スタッフや母から学ぶのはもちろんのこと、他の美容院で自分の髪を切っていただくことも勉強だと考えるようになりました。

雑誌を見て素敵だと思ったのが、有名なサロンの代表の方のスタイルでした。エッジが効いていながら、どこか女性らしいな雰囲気が漂い上品さを失わないカットの秘けつが知りたくて、私はすぐさま電話で予約を入れようとしました。

じつは美容業界は横のつながりがあまりなく、オーナー同士の面識はほとんどありません。残念ながらその方は新規の予約は受け付けていないということで、ますます切っていただきたい気持ちが募ったのですが、予約が取れないのではどうしようもありません。

そんなある日、習い事の会でご一緒の女優さんが素敵なヘアスタイルをされていました。「素敵ですね」と声をかけると、以前から私が雑誌を見て素敵だと思っていた、有名なサロンの代表の方にやっていただいたとおっしゃるのです。「どうしてもこの目で技術を見たい」ということをお伝えすると、その女優さんの取り計らいで、ついにその方にカットしていただくことができました。

自分の技術を高めるために常にアンテナを張り巡らせているので、たとえば評判のヘッドスパがあれば飛び込みでもお邪魔しますし、ニューヨークでは話題のシャンプーバーに行きました。どうしても自分が行けない時は、スタッフに体験してもらうこともあります。私だけなくスタッフも、常に勉強する時間を惜しみません。

創業70年ということもあって新しい技術に興味がないと思われがちなのですが、そんなことはまったくありません。伝統を保つことはもちろん大切ですが、外からたくさん学ばせていただいて常に進化し続けることも重要と考えているのです。

やりがいのある新たなチャレンジ

私にとって経営者としての大きな転機になったのは、大阪への出店です。建築家・安藤忠雄さんが手掛けられた「アルモニーアンブラッセ大阪」というウェディング・ホテルへの出店が決まったのは、平成22年のことでした。

これもまた、こちらから提案させていただいたわけではなく、ホテルのデザインを手掛ける母の友人からの相談が発端でした。

それは「ウェディング専門のホテルが大阪にできるのだけれど、美容室の設備のことがよく分からない。どのようにしたらよいかアドバイスがほしい」というお話で、水回りのことやクローゼットのことなど私たちが分かることをいろいろとお伝えいたしました。

そのやり取りの中で、「まさか入って（入店して）はもらえませんよね？」と、先方がおっしゃったのです。青山のシングスアオヤマ オーガニックガーデンに入店するずっと前のことですので、オークラ東京の外にお店を出すことなど考えたこともありませんでした。

しかし、その新しいウェディング・ホテルの話を聞いていると、興味がむくむくと湧いてきます。場所は大阪の中心地、梅田・茶屋町にあり、大型客船のような三角形の構造。最上階の23階には180度ガラス張りになった「天空のチャペル」があり、大阪の街に浮かんでいるような絶景の中で式を挙げることができるというのです。

「そんな特別な空間で式を挙げる花嫁にはどんなスタイルが合うのだろう？ ウェディング専門のホテルだからできることもあるのだろうか？」と、考えてはじめると止まらなくなります。そんな私の様子を見て、母も思うところがあったのでしょう。

「どうする？」と尋ねてきたので、勇気を振り絞って「やってみたい。チャレンジしてみたい」と答えました。

「それならやってみなさい」

母に背中を押され、私は大阪出店に乗り出すことになったのです。

まず、私が最初にはじめたのは事業計画書の作成でした。青年会議所で数字の面からいろいろな企画を提案することは学んだものの、自分の事業を数字に落とし込むのは初めての体験で、いろいろな本を読み、青年会議所のメンバーの助けを借りてなんとか形にすることができました。

次に融資を受けるべく公庫に足を運びました。通常はメインバンクの担当者が美容室まで足を運んでくださるので、自分からアポをとってお金を借りるのも初めてのことです。事業計画をプレゼンし、融資が下りた時は本当にほっとしたことを覚えています。仕事をしながらこういうことをこなしてきた母や祖父に、改めて頭が下がる思いでした。

無事に資金を調達できたら今度は出店の準備です。社員寮としてマンションを確保したり、スタッフを集めたりと、やることはたくさんありました。スタッフの教育や給与のことも自分で一から考えていかなければいけません。

じつはそれまで、与儀美容室の給与システムはオークラ入店時に祖父がつくったものをほぼ手を加えずに使っていました。祖父は「働いた人が働いた分だけもらうべきだ」という考えのもと、当時は珍しかった能力給を取り入れた評価制度をつくり、その複雑な計算を当時大変高価だった紙テープ式の電子計算機を使って行っていたのです。そのシステムの完成度が高かったので、わざわざ変更する必要がなかったのです。

少し脱線しますが、当時の美容師は職人気質だったせいか、「給与が高ければ社会保障はいらない」という人が多かったそうです。年金や保険はいらないからその分手取りを増やしてほしいという感覚が一般的で、社員の社会保障をしっかりと考えている美容室はほとんどありませんでした。

そんな時代に祖父は、「これはゆくゆくはあなたたちのためになるんだ」と、スタッフを説得して、社会保険料を払い続けました。

そして、現在。もうすぐ90歳になる元スタッフから毎年ブルーベリーが届きます。そこには、「あの時の年金のおかげで、今でもしっかり暮らしています。ありがとうございます」という手紙が添えられているのです。その手紙を読むにつけ、祖父の経営者としての大きさを改めて感じます。祖父をひと言で言えば「正しい人」。「正義より安いものはない」と常々言う人でした。

そんな祖父がつくった給与の仕組みを引き継ぎ新しいものをつくる。私にとってはすべてが大きなチャレンジでした。

こうして開業した大阪のお店は、祖母が初めて銀座に出したお店の名前「ラ・ボーテ」としました。このラ・ボーテでも確かな技術を持つスタッフが働いてくれています。私もよく顔を出しますが、スタッフの仕事ぶりを見ていると、私たちが培ってきた技術が大阪の地にもしっかり根付いていることを実感します。

遠く離れた土地に新店舗を出すことは、とても大きな冒険でした。しかし、それによって、もっと多くのお客さまとご縁を結ぶことができるようになり、本当にありがたいと思っております。

大阪で私たちがお支度した花嫁の娘さん、お孫さんを、また私たちがお世話する日が来るようなことがあれば、これほどうれしいことはありません。

お客さまのニーズに応えて

美容室を経営していると毎日のようにサロンにいると思われがちですが、じつはそうではありません。母も私も、美容室の外で仕事をさせていただくこともあります。以前からウェディングのお仕事をいただく時に「オークラ東京でなければお願いできないですよね」と言われることがありました。そんな声も増えたため、最近では出張でのお支度もお受けしています。

いつもの設備がない場所でのお支度は緊張感があり、私たちにとっても良い経験になります。また、地方のウェディング業界の方とお話しをすると、業界の知らない側面が分かりとても勉強になるので、今後はもっと増やしていきたいと考えているお仕事のひとつです。

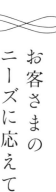

ウェディングの形も時代とともに変化しています。

国内では式場を選んでから、その式場のヘアメイクや衣装から選ぶのが一般的ですが、海外ではプランナーを選び、そのプランナーと一緒にスタイリストを選び、ヘアメイクを決めていきます。国内でも、こうしたスタイルを希望される方が増えてきました。

そこで、私たちもウェディング・プランナーとコラボレーションし、今後は式場に限らず、神社、ゲストハウス、船、美術館、温泉旅館といったさまざまな場所で、お支度をさせていただけるようにしていこうと考えています。

オークラ、大阪、青山、そして出張と、私たち与儀美容室がお客さまにサービスをご提供できる場が少しずつ増えつつあり、今まで私たちの美容室にいらっしゃらなかった層のお客さまともご縁ができるのではないかと、今からワクワクしております。

美容業界以外の方とのコラボレーションもすでにはじめており、中目黒にある漢方専門店「台所漢方」さまとの商品開発では、「冷え」「美白」を意識したオリジナルブレンド茶をつくって成人式のお客さまにお配りしました。

忙しい女性が増え、ストレスなどの影響で体内のバランスを壊す方が増えています。若い女性にとって漢方は少し敷居が高く感じられるかもしれませんが、美容と結びつけることで「予防医療」に少しでも興味を持ってもらえればと思います。

「台所漢方」の二代目、古尾谷奈美さんとは年齢も近く、ざっくばらんになんでも語り合える関係でして、いろいろと教えていただくこともあるのですが、つくづく漢方の理論は祖母の美容理論に近いものがあると感じます。

古尾谷さんがされているのは「健康美」というもので、私たちも今後はもっと健康美にも力を入れていきたいと考えています。

美容室での待ち時間に「健康美」に役立つお茶や腸内環境を良くするクレンズジュースなどをお出しできたら、お客さまを内面からも美しくできるかもしれません。そういった美容の可能性の広がりを感じられることが、とても楽しみなのです。

花束に込められた
お母さまの想い

与儀美容室には、私たちの行動の指針になる三つの信条というものがございます。「正統であること」「上品であること」「親切であること」です。「正統」や「上品」は主に私たちのつくるスタイルに通じていますが、「親切」に関しては私たちの仕事の姿勢や考え方の軸になっています。自分の利益や手間よりもお客さまに対して「親切」であることを最優先にしているのです。

「親切」の話になると思い出すエピソードがあります。私が珍しくスタッフに激怒した時のことです。

もう10年以上前のお話になりますが、ある結婚式のお支度でのこと。式の前日に花嫁のお母さまが生花の花束をお持ちになりました。花選びからアレンジまでご自分でなされた、とても心のこもった花束です。

「明日使うお部屋に置いておいてください」と言われたスタッフが受け取り、そのまま花嫁のお支度用の部屋に置いておいたというのです。一見、何も問題のない行動のように思われるかもしれませんが、この対応は不親切極まりないものです。

たしかに、お母さまは「置いておいてください」とおっしゃいましたが、生花を丸一日室内に置いておいたら、どうなるでしょうか？

案の定、翌日花はくったりして、お式に使える状態ではありません。大急ぎでホテルオークラ東京内のフラワーショップで似たようなアレンジをつくってお渡ししました。お母さまは「気にしないでください。朝つくる時間はなかったので仕方ないことです」とおっしゃってくださいましたが、お嬢さまの門出をご自分のお花で送り出したいという夢がおありだったのでしょう。そのご様子を見て、私は怒りが収まりませんでした。

もし、前日、スタッフが私や母に相談してくれたら、フラワーショップの冷蔵庫を借りて保管することも、お母さまがまた朝、ブーケを作る時間をどこかで念出できないか相談することもできたはずです。言われたとおりの仕事だけをして想像力を働かさなかったスタッフ本人にも腹が立ちましたし、その様子を見ていたのに注意しようとしなかった他のスタッフ全員にも怒りがこみ上げました。

お客さまのことを真剣に考えていれば、絶対に起こらないミスです。私はスタッフ全員を呼んで怒りながら、悔しいのと申し訳ないのとで涙が出ました。

普段繰り返し言っている「親切」という言葉に込められた思いが、スタッフの心には届いていなかった。上っ面になってしまっていた。そのことが悔しく、私はスタッフの前で涙をこぼしてしまったのです。

人間だからミスをすることは仕方がない。けれど、お客さまにのことを第一に考えられないような不親切な仕事は、与儀美容室ではあってはならないと思っています。

「親切」「不親切」の違いは、ほんの少しの心遣いです。

たとえば、成人式などの予約の電話をいただいた時、オークラの写真室にその電話を回すことがあります。その時、「予約の電話です」とだけお伝えして切るのと、お客さまが写真室でまたイチから同じことをお話になることを想像し「〇〇〇の〇〇さまで、うちは○日の○時からのご予約です」とお伝えしてから切るのとではまったく異なるのではないでしょうか。

先程の花束の一件があった後から、スタッフのお客さまへの対応に変化が見られるようになりました。私が不在の時に起こった出来事にも、「おせっかいかもしれませんが、育子先生ならこうすると思って」と、自分で考えて対応してくれるようになりました。

あの時に涙を流したことは恥ずかしかったのですが、その涙は無駄ではなかったと、うれしいようなちょっとくすぐったいような気持ちになるのでした。

第六章

和装の技術を後世に

本来着物は「楽に着られるもの」であるべき

ノーベル賞のお支度をお受けした時、母は「着物に恩返しがしたい」と申しました。これは母の偽りのない素直な気持ちだと思います。母は和装への思いは並々ならぬものがございます。

もし、今、お近くにスマートフォンやパソコンがございましたら、ぜひ与儀美容室のホームページか、インスタグラムのｋｉｍｏｎｏアカウントをご覧になってください。

こちらに掲載している帯結びは、ゴムで結んでひだを作ったり特別の用品を使わず、すべて人の手だけで結んだものです。可憐な胡蝶《こちょう》のような結びから流れる水のようなドラマチックな結びまで、形はさまざまですがどれも帯の柄が生きるように、着物が映えるようにこしらえています。

一見複雑な帯結びに見えますが、帯を解いたあと表面を軽くポンポンと叩いてあげると跡もつかず、ビシッと元のきれいな形に戻ります。

母はよくこう言っています。

「帯を織った人の気持ちも考えましょう。どうすれば帯にシワができないように結べるか考えるのも仕事です」

着る方のことだけでなく、帯を織った人の気持ちも考えて結ぶ。それが母、そして私ども与儀美容室の和装に対する基本姿勢になっております。

帯や着物はもちろんですが、着付けするお客さまに対しても同じです。よく「和装はぎゅっと締め付けられて苦しい」というイメージをお持ちの方がいらっしゃいますが、私たちがお着付けさせていただくと「こんなに楽だなんて」と驚かれることがあります。

着付け教室の御免状を取りましたという方が入社して、紐をぎゅうぎゅうと締め上げているのを見ると、すかさず母が制します。

「あなたがこうされたら苦しいでしょ？　相手の立場になってごらんなさい。そんなにきつく締められないわよ」と。着崩れしないように紐でぎゅうぎゅうと締め上げてしまうのは、着せる側のエゴなのです。

私どもの美容室ではお体に近い肌着や長襦袢《ながじゅばん》の紐はゆるくし、最後の帯締めだけはやや強く締めるようにしております。着物は重ねて着るものですから、帯の上にある帯締めがぎゅっときつく締めても苦しくはなりません。外側さえ締まっていれば、着物が着崩れることはないのです。

子供の頃から母の着付けに慣れていた私は、着物で苦しい思いをしたことがありません。ドレスよりも楽ですから、長時間のパーティーに出たり、飛行機に乗って行かなければならない時も着物で出かけています。

「技術者として接客業として、相手に合わせられるかどうかが一番大切なこと」と、母はよく申すのですが、着付けに関しても同じことなのだと思います。

お客さまの大切な一日を最高にきれいに飾りたいという思いは、技術者ならみな同じだと思いますが、そのために私たち裏方が楽をしたり、エゴを通すのは間違っているのではないでしょうか。こうした着付けが増えるのを見るにつけ、母は和装を取り巻く環境を変えたいと考えているようです。

昨年の成人式シーズンにはこんなことがございました。

真っ青な顔のお嬢さんを抱えたお客さまが飛び込みで見えられたのです。帯を解いてみると紐がぐるぐる巻きでまるで宅配便の小包のよう。ご飯が一口も食べられない、息もできないというありさまでした。

このような着付けをされてしまっては、せっかくのお祝いの日が台無しになってしまいます。恐ろしいのはこの着付けでお客さまからお金をいただいているということです。しかし、残念ながら、これが今の日本の着付けの現状なのです。

ご年配の方はもっとお気の毒です。ぐるぐる巻きにされてしまうと、血管を締めるので脳梗塞を起こす可能性もございます。固結びでがっちり結ばれてしまうとご自分で脱ぐこともできませんから、「死にそうだから助けてください」とお越しになって、脱がしてさしあげたことが何度もあります。

このような体験をなされては、二度と着物を着たくなくなるのは当然なのではないでしょうか。お客さまの立場になってお着せすることさえできていれば、心地悪い思いをさせてしまうことなどはないはずなのですが。

しかし、年々プロさえも用品に頼るようになっているようで、私たちもお客さまが持ってきたお道具を何に使えばいいのか分からず、戸惑うことが増えました。

本来帯結びは帯枕と帯締めだけで、あらゆる形をつくることができます。不必要な道具を使うことで帯を傷めることは避けたいと思うのです。

私たちがお預かりする袋帯には国宝級と言っても過言ではないものもございます。金額的な価値ばかりではなく、おばあさま、ひいおばあさまの代から受け継がれてきた家族の思い出の品ばかりです。

そんな大切な帯を、私たちが楽をするためだけに、ゴムで締め上げることなどできるでしょうか。

先程お伝えしたとおり、与儀美容室の帯結びはすべて人の手だけで結びます。それでも技術さえあれば、ホームページやインスタグラムにあるような華やかな帯結びができます。すべては技術者の技ひとつなのです。

もっと気軽に着物を着ていただくために

着物というのは本来、ご自分だけで日常的に着ることができる衣装です。

しかし、今ではご自身で着ることができる方は少なくなりました。私より若い世代には、ほとんどいないのではないでしょうか。

また、着物の着こなしに関しても迷われる方が多いように思います。TPOを踏まえて季節と柄と素材をあわせていただくだけで良いのですが、普段着慣れていらっしゃらない方にはなかなか難しいようです。山のようなお着物や帯をお持ちになって「先生、どれが良いか選んでくださらない？」とおっしゃる方もいらっしゃいます。

また、「お金を払うので脱いだ着物を畳んでほしい」という方もいらっしゃいます。

こういった、お客さまの着物に関するお困りごとを解消できないだろうかと考えて、今年から与儀美容室の「着物お預かりサービス」をはじめることにいたしました。

お客さまから月額料金をちょうだいして、湿度と温度がしっかり管理できる専用倉庫にお着物や帯をお預かりします。お預かりしたものの記録はすべてデータで管理し、「四月のお茶会に着物を着たいわ」「六月にパーティーがあるんだけど」とお声がけいただけましたら、私たちがその場に最適な組み合わせのお着物を一式お出しします。着付けは与儀美容室でさせていただき、お脱ぎになったお着物もそのままお預かりして、着物専用のクリーニングをした後、またきちんと畳んで倉庫で保管いたします。

お客さまは体ひとつで美容室にお越しいただければよく、着物のコーディネートに悩むこともありません。一年に数回お着物でお出かけになる方であれば、とても便利なサービスなのではないかと思っております。

そもそもこのようなサービスを考えたきっかけは、あるお客さまからのご依頼でした。お母さまが亡くなられて、奥さまがお着物を相続されたのですが、その量はなんとお部屋三つを占領してしまうほど。場所をとる上、管理も面倒で数を減らしたいけれどどれが必要でどれがいらないものかも分からない状態だったそうです。

「先生、助けてちょうだい。私、どうしたらよいのか分からないわ」

とおっしゃっていたので、母とふたりでお邪魔して、三部屋分のお着物を「奥さまがお召しになった方がよいもの」「お嬢さまにさしあげた方がよいもの」「お友達にさしあげた方がよいもの」「捨てるもの」というふうに、仕分けさせていただきました。終わった後はお部屋もスッキリ。とてもお喜びいただき、話を聞かれた他の奥さま方からも「母が亡くなって困っているの」「全然分からないの」と、次々とご相談が舞い込むようになりました。

私たちの祖母くらいの世代までなら、どなたでもある程度の着物の知識がございました。しかし、母の世代、まして私くらいの世代ともなると、着物の良し悪しを知っている方は限られています。

管理方法などもご存知ない方がほとんどですし、忙しい日々を送る中でその手間をかけるのは大変なことです。かくいう私も、母と私の着物で二部屋が埋まっていますから、他人事ではございません。

さらに、着物の組み合わせのお悩みも解消できます。今ではプロでも組み合わせが分からない方も多く、ましてや奥さま方が都度頭を悩ませるのは仕方のないことです。

一度、おかしな着こなしをしてしまって恥ずかしい思いをすると、「着物は難しい」と二度と袖を通すことがなくなってしまいます。着物は日本の大切な民族衣装であることを思いましたら、それは大変もったいないことです。

ありがたいことに、すでに若い方を中心に問い合わせをいただいております。同じようなことをされる会社は他にもあると思うのですが、古くからのおつきあいもあり、信頼していただけているのではないでしょうか。

子供の頃からずっと着物に触れてきた私としては、着物をお持ちならどんどん着ていただきたいと思います。着物を持っていない、これから買いたいという人は、最初はレンタルの着物でも構いません。

着物は一点一点がとても高価ですから、まずはレンタルであれこれ着ていく中で、ご自分のお好みを見つけて、これぞというものをお買いになればいいと思います。分からない部分は私たちのようなプロを使って、着物と上手につきあっていただけたらと思うのです。

母の着付けの技術

ホームページをリニューアルするために動画の撮影をしていた時のことです。

母が着付けをしている様子を撮影していたスタッフが困った顔をしておりました。

あっという間に終わってしまうので、ＶＴＲの長さが足りないと言うのです。

「すみません…。もっとゆっくりやっていただいてもよろしいですか？」

「ええ？　ゆっくりやるの？」

生まれて初めての「ゆっくり」というリクエストに母はとても驚いた様子でしたが、ゆっくりゆっくりと着付けをして、なんとかイメージどおりの映像を撮り終えることができました。この時の動画はホームページでご覧いただけます。

母の着付けは「こっちかな」「ここかな」などと悩むことがなく、瞬時に決めていきます。それでいて、ぎゅっと締め上げたりいたしませんので、着物の中で体を自由に動かせて楽なのです。私もこの母の技術はまだまだ真似ができません。

楽なだけではなく、そのお客さまがもっとも美しくなるように着付けていきます。

よく体型だけを見て補正を入れる人がいらっしゃいますが、お客さまの体型に加え、着物と帯の質、素材を計算してするものです。また、一度補正を入れてしまうと、着物を着せた時にはもう取り出せず、調整することができません。母は体型と着物から完成形を想定してお着せするので、こうした失敗がないです。

このような技術は一朝一夕に身につくものではありません。かくいう私も、未だにベテランスタッフの指導を受けながらお着付けしています。

母のようなレベルの高い真の職人が一番身近にいることは、ありがたいことでもありプレッシャーでもあります。私もスタッフも、まだまだ母から学びながら、これからも現場をともにしていきたいと思っております。

レースの打ち掛けと着付け教室

平成30年三月に担当させていただいた、元ミス・ユニバース日本代表でタレントの知花くららさんの花嫁姿の撮影のお支度は、私と母にとって刺激的なものでした。

今までもモデルさんや女優さんのお支度は数多くやらせていただいてきましたが、今回は雑誌の撮影があったこともあり、ただ美しく着ていただくという以上の緊張感がございました。

くららさんがこの日のために選んだ衣装は、一見楚々とした白無垢の花嫁衣装です。しかし、素材が当たり前のものではなく、繊細なフレンチレースだったのです。それを「銀座もとじ」さんに持ち込み、一流の腕を持つ和裁士さんたちの協力を仰いで、掛け下と打ち掛けに仕上げたという一点ものです。

着物にお詳しいくららさんならではの、遊び心ある衣裳は本当に素晴らしく、式場である小笠原伯爵邸の重厚な雰囲気と相まって、まるでマリアさまのようなくららさんの神々しい美しさを引き立てていました。

私たちがお声がけいただいたのは、こういう斬新な発想の花嫁衣裳ゆえのことでした。遊びのある着物を、基本を守らずに着付けてしまうと、ただの掟破りになってしまいます。本来の正確な着付けを知り尽くした人に頼んだ方が良いだろうというのがご依頼の理由だったそうです。

私たちの技術を認めていただいていることももちろんうれしいのですが、くららさんの確かな見識にハッとさせられたのでした。

通常の花嫁衣装の絹とは違い、柔らかくて繊細なレース地は紐が滑らないので、一回でピタリと決めなければ、きれいに着付けることはできません。母はそれを見事にやってのけ、私もとても誇らしい気持ちになる反面、ますます鍛錬しなければと気持ちを新たにいたしました。

くららさんの花嫁衣装は雑誌にも取り上げられ、インスタグラムやピンタレストでレース地の着物を見かけることも増えました。ひとりの感性が影響を与え、流行を生み、伝統が変わっていく…。そのような現場を目の当たりにさせていただきました。

しかし、変化するのであれば、その根底にあるものを分かっていないと中途半端なものになってしまいます。くららさんの花嫁衣装を真似たラフな着付けを見ると、ますますそんな思いを強く抱くのです。

「与儀美容室」といえば「着物」。そして「和の心」。そう思っていただけるのはとてもありがたいことです。

祖母も書き残していますが、着物は洋服と違って形がひとつしかなく、しかも直線でできています。これを紐で体に沿わせて形づくっていくというシンプルな衣装です。それだけに、着付け方次第で与える印象がガラリと変わります。

着付け方ひとつで、若々しくも粋にも上品にもなるのです。

また、和装は衣装自体に曲線はなく、体の動作で曲線を表現します。着物をお召しになると、自然と女性的な動きになり、背をピンと伸ばして内股で歩くようになります。そういう意味でも着物は、日本の女性の美しさを引き出す唯一の衣装なのではないでしょうか。

与儀美容室では、ご自分で着物をお召になれるようになっていただく「一日着付け教室」を行っています。途中昼食をはさみ、丸一日かけて、お友達や母娘などのグループでご一緒にお着付けを学んでいただく予約制のプログラムです。

この教室でお教えしているのは、私たちが普段やっているようなプロのお着付けではございません。一般の方が着物を楽しむための、普段づかいの着付けをお伝えしております。苦しくなく、楽で、お出かけのたびに着たくなるような着物との付き合い方ができるようになっていただけましたら幸いです。

着付け教室にいらっしゃる方の中で意外に多いのが、以前着付けを習いに行ったにもかかわらず身につかなかったとおっしゃる方々です。

本来、着物の着付けは習っても覚えられないほど複雑なものではございませんが、習得が難しければ難しいほどお金を払うという一面もあり、資格がビジネス化している現状もございます。

お教室に勧められるがまま、たくさんの不必要な道具や着物をお買いになり、それでも着物を着こなすことができず、着物が嫌いになってしまう方もいらっしゃるようです。私たちはそんな方たちに、また着物の良さを知っていただき、気負わずに毎日着物を着る生活を送っていただきたいと願っております。

着付け教室の後は、お着物のままお出かけされる方が多いようです。「このままお芝居を観に行きます」、「ちょっといいレストランでお食事して帰ります」などと、笑顔でおっしゃって帰られます。

艶やかな着物姿になれば気持ちも浮き立ち、自然と晴れやかな気分になるものです。こうした気持ちを特別な日だけではなく、日常の中で感じていただける方をひとりでも増やすことが、私のこれからの目標のひとつでもあります。

「和装のプロを育てる」ことがプロとしての使命

以前も書きましたが、母には「着物に恩返しがしたい」という強い思いがございます。そのためには、しっかり知識と技術を持ったプロを育てなければと考えているようです。

和装の技術者のレベルは本当にまちまちです。中にはごく基本的な知識も持たないまま現場に出てしまうような残念なケースも見受けられます。

私自身、ホテルに入っている美容院で着付けをしていただき、困惑した経験がありました。ある地方のホテルでのレセプションに出席した時のことです。

夏だったということもあり、名古屋帯を持って行ったのですが、着付けをしてくれた若い女性はあきらかに名古屋帯を知らない様子でした。

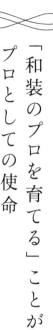

じっと見ていると袋帯と同じように二重太鼓に結ぼうとしています。担当の女性もプロであり、人の仕事を否定したくはないのですが、名古屋帯は丈が短いので袋帯と同じように結ぶと背中にお弁当箱がペタリとくっついたような不格好な姿になってしまいます。私は悩んだあげくご年配の方を呼んでいただき、「名古屋なんです」と言うと年配の方は「あら、申し訳ありません」と謝りながら結び直してくれました。おかげでお弁当箱にならずに済みましたが、もし私に着物の知識がなかったら、恥ずかしい格好で人前に出なければならなかったことでしょう。

この時の私のように、プロにお任せしたのにおかしな格好になってしまった方や、ご年配の方に注意されて気まずい思いをした方はたくさんいるのではと改めて実感しました。

残念なのは、それなりのお金を支払っていてもこんな悲しい目にあってしまうことです。母の知り合いの方で、お嬢さまの成人式に、ある著名なカメラマンに一日がかりの撮影をお願いした方がいらっしゃいました。しかし、でき上がった写真を見ると着付けはぐちゃぐちゃ。とても親戚に見せられるものではなかったのだそうです。

「帯はこんなに下がって、帯揚げと帯の間にこんなに隙間が開いてしまって…こんな姿で何枚も写真を撮られたんですよ」と、とても悔しそうにお話しになっていました。お嬢さまの記念日が、おかしな着付けのせいで暗い思い出になってしまったのは、とても残念なことです。おそらくこの着付けをした方ご自身も、何が正しいのか分かっていないのでしょう。厳しい目のあるお客さまならば、しっかり意見を言うことができますが、ほとんどのお客さまは注文をつけることさえできません。

私自身も友人の披露宴で、帯がパカパカしていたり、背中にお花がついていたりする着付けを見ることがあります。適当な技術者に当たってしまったばかりに、友人の晴れの日が台無しになってしまうのです。私は同じ技術者として悔しく、悲しい気持ちになってしまいます。

このような着付けを取り巻く状況を考えますと、正しい着付けの技術をプロに伝えていくことが、これからの私たち与儀美容室に求められることではないかと思うようになりました。

技術はもちろんですが、プロには早く仕上げることもお伝えしたいとも思っています。与儀美容室では、披露宴での色直しの時花嫁を早く会場へとお返しできるように、ヘアメイクは15分、打ち掛けから振り袖へのお着替えで8分。母なら5分でできてしまいます。

和装から洋装の時も、アップスタイルからダウンスタイルに変える時も同様です。花嫁支度室には常にタイマーがあり、それを見ながらお支度をしています。

参列の方の場合は、お待ちいただく時間や準備もありますから土日祝日はヘアセットと着付けで二時間ほどちょうだいしていますが、比較的空いている平日であれば、実際には一時間もかからずさせていただけるようにしております。私たちは、これが当たり前のことだと思い、他所さまも同じだろうと思って今までやってまいりました。

この時間が驚異的な速さなのだと知ったのは、大阪のアルモニーアンブラッセウエディングホテルにお店を出し、オークラ東京の外の方々と触れ合うようになってからのことです。いつも通りに色直しの支度をした時、地元の別会社の方たちが「こんなに速くできるんですか?」と仰天しているのを見て、初めて私たちの手の速さが特別なのだと知りました。

私たちが普段やっていることに価値があるのであれば、その技術をお伝えすることが美容業界にとって役に立つことなのではないか。いやそうするべきだと考えるようになったのです。

とくになくなりつつある技術——着付けの技術はまさに風前の灯火です。それを守り次世代に伝えることは、着物という日本の独自文化を守る足がかりになると思っております。

たまたま古くからやらせていただけていることもあり、ありがたいことに与儀美容室の歴史は日本の美容史そのものだと言っていただくこともあります。それならば、日本の美容業界のために貢献することも私たちの使命なのではないでしょうか。

プロを育てることによって、着物を着て幸せな時間を過ごす人を増やすことができると信じております。

このことは、母が元気で仕事をしてくれているうちになんとか実現してほしいと思っており、私もできる限りのお手伝いをしていくつもりです。それが、ずっと私を見守ってくれていた母への恩返しです。

[コラム] 着物のコーディネート

四季のある日本という国に生まれた衣装・着物は、常に季節と色を意識しています。今回は春夏秋冬のシーンに合わせてご提案させていただきました。みなさまのコーディネートの参考になりましたら幸いです。

春　お花見

花の下で集うという感性は日本人独特のものではないでしょうか。満開の桜が主役の時は、花柄の着物は遠慮して花を引き立てるという気持ちで、落ち着いた色味や柄を選んではいかがでしょう。

帯締めや帯揚げに薄紅色を使うなど、花にちなんだ小技をきかせるのも心憎い演出です。

夏　花火

若い方の浴衣は、素足に下駄という姿がくだけた風情でよろしいかと思います。白地に藍染の昔ながらの浴衣も清潔感があって若さを引き立てるものです。夏の夜を心地よく楽しんでいただくことができるでしょう。

大人の女性は薄物の絽《ろ》や紗《しゃ》、また車輪梅《しゃりんばい》で染めた夏大島、紅梅織などに長襦袢を着れば、上品な夏の装いを楽しむことができます。

秋

夏が終わり涼やかな風を感じるころ、季節の移ろいの中でお召しになる単衣の軽さは格別なものです。夏に向かう六月の単衣と違い、温かみのある色味を選びましょう。秋草、菊、露芝など日本古来の柄を楽しむことができる季節です。差し色となる帯締めは深い緑や臙脂《えんじ》、墨色で季節の先取りをしてみましょう。

冬

気忙しい師走の頃、しゃっきりした紬《つむぎ》をお召しになれば、凛とした美しさを引き出してくれます。お買い物に結城の着物に染めの帯でお出かけになるのも気分が変わるものです。

新年の祝いに新しい着物をおろすのも縁起のいいことです。晴れやかな気持ちを託して、おめでたい柄や薄色の着物に格の高い袋帯。帯締めは白を使うと改まった気持ちを表すことができます。

着物も洋服のファッションと同じように好みは人それぞれです。着こなしが良い悪いは別として、趣味が合わないこともあります。雑誌やインスタグラムで趣味が合う人を見つけて、着物選びのメンター（指導者）にしましょう。

その人のようになりたいと思えば、自分の好みの着こなしが見えてきます。そうすれば、おのずと買うべき着物も分かってくると思います。

第七章

受け継ぐもの
変えていくもの

千万紀子さまのお支度、祖母からのバトン

与儀美容室に入ってから今日まで、本当にたくさんのウェディングのお支度をお手伝いさせていただいてまいりました。何度担当させていただいても晴れがましく、幸せな気持ちにしていただけるものです。

ウェディングに限らず、お仕事はご依頼があればお受けしますが、こちらからぜひにとお願いしてやらせていただくことはございません。あくまで私たちは裏方。お客さまのご依頼次第だという姿勢でおります。

しかし、そんな私が、初めてどうしても担当させていただきたいと心から願い、お願いしてやらせていただいたお仕事がございました。

平成29年、千宗室《せんそうしつ》・容子《まさこ》ご夫妻のご長女、千万紀子さまの御婚儀です。毎年裏千家

母・みどり（左）とともに千万紀子さまのお支度をさせていただけたことは何よりのよろこびでした。（写真：与儀美容室提供）

のお初釜の際にはお着付けさせていただいているので、昔から存じあげておりますが、頭が良く、明るく、ユーモアのある万紀子さま。毎回お会いするのがとても楽しみな、素敵な女性です。

おばあさまに当たる三笠宮妃百合子殿下には祖母の代からお越しいただき、お母さまの容子さまとも、万紀子さまが生まれる前からのおつきあいです。そして、この容子さまの御婚儀の際に、京都の裏千家で祖母がおすべらかしの鬢付け油を見事に落としたことが、のちの雅子さま、紀子さまの御婚儀のお支度のお声掛かりにつながったというご縁もございます。

そんなこともあり、私にとっては深いご縁を感じずにいられない方なのです。万紀子さまのご結婚が決まったとお教えいただいた時は、我がことのようにうれしく思いました。そして、すぐに考えたのは、どなたが御婚儀のお支度をするのだろうということです。

御婚礼の場所は京都ですから、関西の美容師さんが入られるのが普通です。後に知ったのですが、当日は百合子妃殿下をはじめ、千容子さま、近衞甯子さま、おばさまにあたる高円宮妃久子殿下、いとこの三笠宮彬子女王殿下、高円宮承子女王殿下、高円宮絢子女王殿下といったみなさまが軒並みご出席されますので、私たちが忙しいだろうとご配慮いただき、万紀子さまのお支度はホテルの美容師さんにお任せされようと考えていらっしゃったそうです。

しかし、その時ばかりは、「一生後悔するのではないだろうか」という気持ちが抑えられず、生まれて初めて「万紀子さまのお支度もさせていただけませんか?」と千さまにお願いさせていただいたのです。そして、花嫁のお支度をお手伝いできることになった時は、母とともにとてもうれしい気持ちになりました。

披露宴会場の都ホテルでは、前日に事前準備を済ませてからホテルの美容室にご挨拶させていただきました。

私たちはいつも出張でお仕事をさせていただく時は、かならずそちらの美容室にご挨拶をさせていただきます。ホテルのみなさまとともに一つのお式をつくり上げているという思いがございますので、「ご一緒に働かせていただきます」という気持ちで、かならずお伺いさせていただくのです。

急なご挨拶だったにもかかわらず先生が出てきてくださり、「何か困ったことがありましたらいつでも声をかけてくださいね！」と明るく言ってくださって、本当に心強かったです。

当日は、披露宴の前に平安神宮での挙式がございました。新郎新婦のおふたりとご家族が社殿に向かって進まれる姿を、少し離れたところから外国からの観光客が大勢囲んで写真を撮っています。

万紀子さまのお祖父さまにあたる裏千家の大宗匠《だいそうしょう》は終始うれしそうにされていて、

流暢な英語で観光客のみなさんとお話しになっていらっしゃいました。外国の方は大宗匠がどなたかも知らず、ただ着物を着た日本人だというふうに思われていたようですが、大宗匠は気になされず、写真のリクエストにも気さくに応じていらっしゃいました。

後日、そのお話をお茶の先生にいたしましたら、「大宗匠とお写真を撮ることができるなんて」と息をのむほど驚いていらっしゃいました。それほどのお立ち場でいらっしゃるのに、ニコニコとやさしい笑みを浮かべている大宗匠のご様子を拝見して、上にいらっしゃる方ほど偉ぶらず、誰でも笑顔にする力がおありなのだということを改めて学ばせていただいたのでした。

その後の披露宴は、京都随一の名家・裏千家のお嬢さまである万紀子さまの御婚儀とあって、大変華やかで厳かなものでした。普段は新郎新婦の控室になるお部屋がすべて皇族のみなさまの控室となり、私と母は万紀子さまのお支度をさせていただきながら、各部屋でそれぞれみなさまのお支度もさせていただきました。

長い間その成長を見守ってきた万紀子さまのお式です。絶対にきれいにお支度をしてさしあげたいという気持ちが強くあると同時に、祖母の代からお世話になっている宮家につながるお嬢さまの御婚儀に、何か間違いがあってはならないと、気の引き締まる思いで臨ませていただきました。

本当に美しい花嫁姿を見送ることができ、すべての仕事が終わった後、容子さまに「与儀さんに来てもらって本当に良かったわ」と言っていただくことができました。そして、百合子妃殿下からはじまったご縁が、容子さま、万紀子さまを通じてつながっていくのを感じました。祖母から歴史のバトンを渡されたような感覚を覚え、ホッとしたのと同時に、万紀子さまの御婚儀のお支度をさせていただけたことに心より感謝いたしました。

この先、万紀子さまにお子さんがお生まれになれば、そのお宮参りや七五三、入学式と、お支度をさせていただくこともあるでしょう。

お客さまの人生に寄り添い、ご家族の大切な時間を共有させていただけるということが、祖母や母から受け継いできた私の生涯の宝物なのだと改めて実感したのでした。

美しさは生きる勇気になる

美容の仕事をしていて本当に良かったと感じるのは、お客さまの人生の節目節目にご一緒できるということです。結婚式のお支度からお子さまが生まれた時のお宮参り、七五三、入学式、卒業式、成人式、結婚式、お葬式といったさまざまなシーンに立ち会わせていただくことになります。

とくにウェディングのお仕事は私たち美容師だけではできません。プランナーの方や、衣装・装花・司会・シェフ・給仕といったキャストが総出で、花嫁が主役の舞台をつくっているような一体感があります。他の分野のプロと力をあわせることで、自分の技術以上の輝きが生まれる瞬間が、私はとても大好きです。

最近でこそ講演会でお話ししたりメディアに取り上げていただく機会も増えました

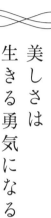

が、やはり一番楽しいと感じるのは仕事の現場です。その方の持っている美しい部分を最大限に引き出すことができた時は、心の底から満足感を覚えます。

その方が皇室の方でも、一般の方でも、たとえ今日初めてお会いした方であっても、目の前のお客さまのために精一杯のことをさせていただいて、いかに喜んでいただくかということだけに集中しています。

母は時々、なんだか疲れた顔をしていたり、心が荒んでいるように見えた方に「今度うちの店にいらっしゃい」と声をかけています。髪や肌をきれいにすることで明るい気持ちになってほしい。その方の人生が明るくなってほしいと願ってのことです。

以前、美容にまったく興味がないとおっしゃる方が美容室にお見えになったことがありました。髪も肌も手入れなさらず、ノーメイクで眉も整えていないような状態です。ご自分に自信がない様子で、何かしてさしあげようとすると「私はもういいですから」とおっしゃいます。

母はその方に本当に親身になって対応していました。「眉を少しスッキリされたら若々しくなりますよ」「肌が少しカサカサしているなら、この化粧水はどうかしら」「シミを隠したいならこのファンデーションがいいですよ」といったふうに、その方が嫌がることはしないように気をつけながら、美しくなるためのご提案をさせていただき、おつきあいをしていました。

その方は、気がつけば10年以上通ってくださる常連のお客さまになり、眉も整えメイクもされ、どんどん洗練された女性になっていかれました。きれいになると周りからの目も変わるのでしょう。その後、良縁を得てご結婚され、地方に引っ越されていきました。

母も私も対応していたスタッフも、その方の人生の転機に立ち会えたことをとてもうれしく思いました。きれいになるということは、これほどまでに女性の運命を変えることができるのかと。

仕事をしていると大変なこともたくさんありますが、このような体験ができると、「やっていて良かった」と、気持ちも引き締まるのです。

長いおつきあいのお客さまは、ただ美しく装うためにお越しになるというだけではなく、お支度の合間に「あの時こうだったわね」「ああだったわね」と思い出の共有をすることも楽しみにされています。

お葬式のお支度でいらっしゃった時には故人の思い出を語り合い、ともに涙をこぼすこともあります。人生の中の大切な日にお会いできるからこそ、大切な時間をともに過ごさせていただくことができるのです。

以前、こんなことがありました。長年お越しになっているお客さまが旦那さまを亡くされて、喪服のお着付けにお見えになった時のことです。

その奥さまは旦那さまのことをとても深く愛され、頼りにされていたので、痛々しいくらい気落ちされていらっしゃいました。あまりのご様子に母は思わず、お着付けの最後に軽くポンッと帯を叩いて「奥さまがしっかりなさらないとだめよ」と申し上げたそうです。

その奥さまは後になって、「あの言葉で私は立ち直れたのよ」とおっしゃってくださいました。

「それまで、主人のことで頭がぼんやりしていたけれど、先生に帯をポンッと叩いてもらったことで現実に戻ったの。それからはちゃんと家のことも葬儀のこともできるようになったのよ」と。

それを聞いて母は、「ああ、私が何気なくやることで、こんなに人を励ますことができるんだ」と胸が熱くなったそうです。

たくさんの美容院がある中で与儀美容室をお選びいただき、長年にわたってお越しいただけるだけでなく、「大切な時は与儀さんで」と言っていただけるお客さまがたくさんいらっしゃいます。そんなありがたいお客さまだからこそ、私たちは常にお元気でいてほしいと思って誠心誠意やらせていただくのです。

その人本来の美を引き出し、その日の元気と生きる勇気を与えるのが美容の真髄です。

という言葉を祖母は残しました。

女性は美しくなると自然と笑顔になるものです。髪が美しい時、メイクがきれいな時は、誰と会っても明るく振る舞うことができます。しかし、逆に「今日はダメだな」と思っている時は、じっくり見られたくないのでおどおどとしてしまいます。

オークラ東京のリニューアルで、同じ建物にはオフィスも入りました。働く女性が「自分に自信がほしいな」などと思われた時に、与儀美容室をもっと利用していただけるよう、今後は新しいプランを考えていこうと思っております。

理解しはじめた「与儀らしさ」

この仕事をさせていただいておりますと、お客さまに「先生、着物を選んでくださらない？」とご依頼いただく機会が多くあります。そんな時、最初の頃は母が選ぶものと私の選ぶものがまったく違うことがございました。しかし、最近ではほぼ100％の確率で、ふたりとも同じものを選びます。

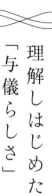

私の年齢が当時の母に近づいたこともあるかとは思いますが、祖母と母がつくってきた「与儀らしさ」が、ようやく私の奥に染み付いてきたのではないでしょうか。

美容室にはそれぞれの店に「らしさ」があります。私どものスタイルにはもちろん自信がありますが、他の美容室がおつくりになられるスタイルもやはり美しいものです。そのどちらをお好みになるかはお客さま次第。そのお好みを左右するのが、その美容室のもつ「らしさ」なのだと思います。

「与儀らしさ」とは、「与儀美容室らしいスタイル」とはどういうものなのか――。今回本書を刊行するにあたり、お伝えしようと表現を考えてみましたが、言葉にするのは難しいものです。

「上品ではあるが華美ではなく自然」そういったことになるのでしょうか。

老舗ホテルに入っている美容室は、どちらさまもとても上品に仕上げられます。私どもは、上品ではあることは当然のことながら、ほんの少しニュアンスが少し違う。そんなふうにご理解ください。

たとえば、同じ夜会巻きをつくる時に、スッと上にあげるのと、少しふくみをもたせたラインであげるのとでは、ほんの少しニュアンスが変わります。その「ほんの少し」のことが、その美容室らしいスタイルなのです。

与儀美容室のスタッフは、他所さまで修業を積んでから、私どもといっしょに働きたいと考えてくれた優秀な人たちばかりですが、うちに来てしばらくは「うちらしくないわね」と母に言われてしまうことがあります。

こちらから見ていて「与儀らしさ」をちょっと外しているなと思った時は、ここをこうしてと具体的に言って直してもらいます。もちろん、スタッフも一生懸命「与儀らしさ」を学ぼうと努めてくれています。

こうしたことを繰り返していくうちに、店とスタッフの感覚がひとつになっていくのです。少し大変ではありますが、「与儀らしさ」のあるスタイルを好んでくださっているお客さまにご満足いただくために、これは必要な課程だと思っております。

「与儀らしさ」ということで言えば、今回新しくなったオークラ東京の美容室の内装や、天井を彩るシャンデリアのデザインも、「与儀らしさ」のあるものを選びました。シャンデリアは「バカラ」のものですが、お店で見つけた瞬間に「これが美容室の入り口にあるべきだわ」と思ってしまったくらい、美容室の雰囲気にあったデザインです。

小ぶりながらラグジュアリーで、派手すぎずとも華やかさがあります。バカラのクリスタルガラスを通した光のニュアンスが美しく、お客さまに美しくなっていただくための場所を照らすのにふさわしいと思います。

与儀美容室にお越しになる際は、ぜひこのシャンデリアや内装もご覧になってください。私たちの目指す美しさの方向性をご理解いただけるものと存じます。

～伝統を受け継いだ者として～

【対談】黒川周子さん（フランス菓子店ルコント）×
与儀育子（与儀美容室）

お客さまは、三代続く与儀美容室と私・与儀育子のことをどうご覧になっているのでしょうか。同世代のお客さまを代表して、老舗和菓子店・とらやを営む家に生まれ、伝説のパティシエの意志を受け継いだフランス菓子店「ルコント」を復活させた、黒川周子（くろかわちかこ）さんにお話を伺いました。

美容室の印象、家族の歴史、そして、同じ経営者としての悩みなど。普段は聞けないお話をたくさん収録しています。

先代先々代からつながるご縁

与儀：今日はよろしくお願いします。周子さんには子供の頃から美容院にお越しいただいているので、いつが初対面ということも覚えていないくらいです。大人になってからいろいろと話をお聞きするにつれ、ご自分で商売をやられていて本当にすごいなぁと思っていました。

黒川：本当に、折に触れて自然とお会いしていました。今回、この対談のお話をいただいてから、母とも話したのですが、黒川の家族だけでなく母方の曾祖母も与儀さんのおばあさまにお世話になっていたそうです。

与儀：そうだったんですか！　歴史を感じますね。

黒川：うちの女性陣の間では、「何かあったら与儀さんにお願いしましょう」という

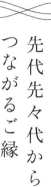

のが暗黙の了解になっているんです。

与儀：ありがとうございます。私も周子さんのお父さま（黒川光博氏）が青年会議所の先輩でいらっしゃるなど、特別なご縁を感じています。

黒川：私にとっても与儀美容室さんは、人生の中に自然とある美容室といった感じです。

与儀：ご縁といえば、ホテルオークラ東京にフランスから招聘《しょうへい》されたパティシエがムッシュ・ルコント。周子さんのお店「ルコント」の創業者ですね。祖母とムッシュ・ルコントは同じ時期にホテルオークラ東京で働いていたそうで、母も子供の頃の記憶で覚えているそうですよ。私自身も青山にお店があった時からのファンです。

黒川：ご縁は自然とつながるものだと改めて感じています。私の店が開店した初日、お母さまと一緒にいらしてくださって、ショーケースに残っていたケーキをすべて買ってくださいました。なんて素敵なお母さまだろうと思いました。

与儀：「初日は売り切れがいいでしょ」と母が言うものですから。私は「この後に来るお客さまは大丈夫なのかしら…」と心配になったのですが。

長いおつきあいも、じっくり話をしたことがなかったというおふたり。今回の対談は新鮮だったそう。（撮影：鈴木克典）

黒川：初日って不安しかないじゃないですか。あれは本当にうれしくて、お母さまに背中を押されたような気持ちがしました。そういう時にいらしてくださって、たくさんお話をするわけではないですけれど、行動で応援してくださったというのは本当に励みになりました。お母さまのようなかっこいい女性の経営者になれる日が私にも来るだろうかと、逆に思い悩む部分があったりします。

与儀：そんなに母を褒めていただいてありがとうございます（笑）。大奥さまのご葬儀の時もうちにお越しいただきましたよね。その時に「大事な時はいつも与儀さん」と言っていただいて…大奥さまが亡くなられた寂しさと、奥さまのお優しいお心遣いに思わず私は泣いてしまいました。

黒川：はい。祖母の思い出話もさせていただきました。与儀さんのところに伺うと、ただ身支度を整えるということだけでなく、家族の思い出まで共有できるんです。これはパッと入った美容室では絶対にできないことです。

与儀：本当に、お客さまの人生に寄り添わせていただいていると感じています。私はずっと同じ美容という仕事をしていますが、周子さんは留学された後、日本のアパレルメーカーのニューヨーク店に就職され、その後ルコントを復活されましたよね？ 業種の違いで苦労されることはなかったんでしょうか？

黒川：ニューヨークで就職した会社が、服をつくるためにまず糸をつくって、その糸を染めて織って生地にして…というような考え方をする会社だったんです。もちろん専門分野は違いますが、ものづくりをするという意味ではお菓子も同じなのでとても勉強になりました。

与儀：私たちが子どものころ、青山のツインタワーの地下にルコントがありましたよね。今もあるイチゴのタルトは特別な日のケーキでした。ですから、周子さんが復活させた時は本当にうれしかったです。

黒川：ルコントを復活させたかったのは、私自身がファンだったからということもあります。特別な日のケーキというのは、うれしいお話です。私たちの思い出に常に与儀さんがいらっしゃるのと同じです。

与儀：まさにそうですね！　思い出のシーンにいつもルコントのケーキがあったので、ルコントならどこにお持ちしても間違いないという信頼もあります。

黒川：私たちも、「与儀さんに頼めば間違いない」という信頼があります。そういった深い信頼があるからご縁が長く続くのだと思います。

受け継いだ者の葛藤

黒川：私は、大切なのはお客さまから選んでいただける理由をつくれるかどうかだと思っています。品質は良いとか安全であるとかは当たり前であるべきことで、そのうえで何かプラスアルファの価値をご提供していかないとお客さまに長く選んでいただくことはできません。与儀さんが70年もそれを続けていらっしゃるのは本当にすごいことだと思います。

与儀：いえ、私なんて母の陰に隠れつつで、まだ20年しか経っていませんから。

黒川：先程おっしゃっていましたけど、一度も継げと言われたことはないそうですね。

与儀：はい。仕事の大変さを知っているだけに、やらせたくなかったのだろうと、今にしてみれば分かります。現場にいると厳しいお言葉をいただくこともありますし、その時の自分の技術の限界をまざまざと見せつけられることもあります。日々葛藤です……。

黒川：育子さんは、経営者としての面と職人としての面、という両面があるので大変なのではないかとお察しいたします。

与儀：職人といえば、今のルコントの職人の方たちはどういうご縁でいらっしゃったのですか？

黒川：全員ではないですが、以前のルコントの職人の方たちに戻ってきてもらいました。心強い反面、自分で考えることより職人さんから教えられることも多いので、そういう意味での葛藤があります。

与儀：私もそれに近い気持ちになったことがあります。最初の頃は自分の技術が至らないこともあって、私がこの場所にいる意味って何だろうってずっと考えていました。

黒川：仕事場でないところでもお母さまとお話しされるのですか？

与儀：はい、四六時中話します。今は別々に暮らしていますが、一緒に過ごす時間が長いので、事あるごとに話します。もう新しいヘアケア用品のことやサービスのことなどいろいろと。周子さんはご家族と仕事の話はされますか？

黒川：自然と仕事の話になります。本当はもっと相談したいとは思っていますが、それほど多くはないですかね…。

与儀：洋菓子店と和菓子店で共通するところはありますか？

黒川：同じ菓子屋として志みたいなところは似ていると思います。細かく言えば、技術や材料の違いもありますが、そういうことよりも、シンプルに「つくったものを美味しく召し上がっていただきたい」という気持ちが共通していると思います。「美味しいものをお客さまにご提供して美味しいと言っていただきたい」という、ごくごく単純な思いです。

与儀：私たちも、きれいになってお客さまに喜んでほしいという単純な気持ちでやっています。お客さまを軸に考える部分は同じですね。

黒川：私たちは伝統的なフランス菓子をやっていますけども、同じものをつくっていたとしても、常々研究して本当にこの味がお客さまに好んでいただけるのか、常に勉強しなければいけないと思っています。そういう積み重ねが、お客さまにご信頼いただくためのひとつの要素なのではないかなと。

与儀：変わらないものがそこにはあるけれど、じつは進化もしているということですよね。私たちの美容室もそんな存在でありたいなと思います。

正しくあり続けるということ

与儀：最近、ある皇族の方とお話しをした時、「日本人は新しいことをやることに重きを置きがちだけれども、ひとつのことをずっとやり続けることも素晴らしいことじゃないかしら」とおっしゃっていて、「確かにそうだな」と思ったんです。私も常に何か新しいことにチャンジしなきゃいけないと思ってしまっていたのですが、ちょっと違ったのかもしれないと。変わらないものの中に改めて、価値を見出すべきではないかと思いました。

黒川：変わらないものと言えば、着物もそうですよね。私も諸先輩方にお会いするときに着物を着ることがありますが、服装や身なりは相手に失礼がないように振る舞えるかどうかが一番大切だと思うんです。与儀さんのところにお願いして着付けていた

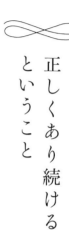

だければ、そういったことを全部分かってくださって先さまに失礼がないように装わせてくださる。だから、安心できます。

与儀：ありがとうございます。だんだんみなさん、着物のことが分からなくなってきていますよね。今の60歳くらいの方たちでも、もう分からない。着物は季節と格と素材とTPOで着こなしが変わります。たとえば、白大島は高級ブランドのジーンズのようなもの。白大島で御所には上がれません。でも、着物屋さんも売りたいのか「大丈夫ですよ」と言ってしまうようです。

黒川：そういったことを教えてくださるから、たくさんの方が与儀さんに長年お世話になっているのではないでしょうか。つくってくださる髪型もメイクももちろん美しいですが、それ以上にそういうお店だからこそ、母親は大切な娘に、おばあちゃまは大事な孫に「行っていらっしゃい」と言えるのだと思います。私は自分が成人した時に、祖母と両親が選んでくれた着物を持って「お願いします」と行かせていただいたことをよく覚えています。与儀さんのスタッフのみなさんは、表裏がなくサッパリされているので通いやすさがあります。また次も行こうと思えるのは、みなさんのお人柄の賜物だと思います。

与儀：ありがとうございます。うちには三信条というものがありまして、「正統であること」「上品であること」「親切であること」ということを大切にしています。まとめると「正しくあること」ということになるかと思うのですが、母は私やスタッフが正しくないことをすると烈火のごとく怒ります。ミスをするのは人間だから仕方ないと納得するけれど、それを隠すために嘘をついたりするのは許せないのです。

黒川：常に正しくあろうという心持ちでやられているから、みなさん潔よく感じます。私も正しくあろうというのは一番大切なことだと思いますが、とても難しいことだと思います。大切にしなければならないことだからこそ、正しく何かをやり遂げるのは至難の業ですが、それでもそういう気持ちを持ち続けるのが意義のあることだと思いました。

与儀：ルコントは創業50年、うちは70年になりますが、これからやってみたいことはありますか？

黒川：私がやりはじめてまだ六年ですが、去年からルコントの歴史を振り返っているんです。フランスに行きムッシュ・ルコントの足跡をたどる取材もしています。新しいお菓子をどんどんつくっていくことよりも先に、ムッシュ・ルコントのつくったお菓子がなぜこんなに愛されてきたのかを振り返って、受け継いだ私たち自身が理解したいと思っています。

与儀：紐解きの時ですね。そういう意味では与儀美容室も同じです。今回本を出すにあたって改めて母に話を聞き、驚くことがたくさんありました。

黒川：与儀美容室さんの歴史こそが現代の日本の美容の歴史ですよね。一ファンとしては興味深い限りです。ルコントも同じですが、おばあさまは戦後まだ物がない時代から「きれいな髪型とは何だろう」と考えてお仕事をされていらしたわけですよね。まして、和装から洋装に変わる大きな転換期じゃないですか。日本の女性たちは、歴史の結果としてそういう格好をされるようになったけれど、変革の最中には、複雑な思いの方もまだいらっしゃったと思います。そういう方を励ますようにひと言ひと言お声をかけながら、お仕事をされていたのではないでしょうか。

与儀：日本のお店にはカラー剤も何もなかったので、GHQ本部の地下にあったアメリカン・ファーマシーで買ったりしていたと聞きました。自分で実験して髪が全部紫色になってしまったこともあったそうです。日本の美容の発展に尽くしたと言えばそうですが、祖母の場合はただ単純に仕事が好きだったんだと思うんですよ。

黒川：ご自身がお好きで自然とやっておられるから、お客さまも装うことが楽しくいられたということもあるのではないでしょうか。

与儀：好きであることは力になりますよね。祖母もそうですが、母も私も、美容の仕事が本当に好きだからここまでやってこられたのではないかと思います。ルコントもみんなフランス菓子を食べたことのない時代からはじまっていますよね。そんな歴史ある洋菓子店が今、ルーツを振り返る段階に来ていて、私たちの美容室も自分たちの歴史を見つめ直す時期に来ていることを思うと、僭越ですが、なんだか二つの店が重なって感じられます。歴史の重みを感じながら同じように伝統を継承されている周子さんにお話をお伺いして、継ぐことの重みももちろんありますが、続けるからこそ見える未来もあるのではないかと改めて感じました。これからも黒川家のみなさまと思い出を共有させていただきつつ、一生のおつきあいをさせていただける美容室でありたいと思います。周子さん、本日は本当にありがとうございました。

私のつくるこれからの与儀美容室

平成が終わり令和の御代を迎えた今年五月一日。私たちは、「即位後朝見の儀」にお出ましになる皇族のみなさまのお支度をさせていただくという、大役を頂戴いたしました。

母とスタッフと手分けして、赤坂御用地の中にある秋篠宮家、三笠宮家、高円宮家と、渋谷の常陸宮家でお支度をさせていただいたのですが、私は赤坂御用地の中を車で順番に回りながら、お出ましの時間に間に合うように御髪を整えメイクをし、ティアラをつけさせていただきました。

みなさまが正殿の松の間に向かわれましたら、私たちは一度失礼させていただきます。お戻りになりましたら再度お伺いして、一般参賀に向けてティアラをとってシャンプー・ブローをし、お帽子をお載せします。

一般参賀が終わられましたら、祝賀行事に向けてヘアスタイルを変え、その後はお着物にお着替えいただく方もいらっしゃいます。

朝から夜までに、赤坂御用地と虎ノ門の美容室を車で四往復いたしました。その間、美容室に残ったスタッフも皇居にご挨拶に向かわれる国会議員の奥さま方のセットをさせていただくなど、慌ただしく働いておりました。

一つの宮家に最低でも二回はお伺いすることになりますし、分刻みでお出ましになるスケジュールに対応いたしますので大変ではございましたが、歴史に残る儀式のお仕事をさせていただき、私たちはもちろんスタッフにとっても誇ることのできるお仕事になりました。

与儀美容室は定休日がないので、翌日も朝からお店に立ちました。「いつも元気ですね」と驚かれるのですが、美容師は肉体労働ですので普段からトレーニングをして体力をつけるようにしています。

それに加え、気持ちの持ち方もあると思います。祖母、母ゆずりの明るい性格もありますが、もし、つらいことがあっても、なるべくすぐに気持ちを切り替えて笑顔でいるように心がけています。前向きに明るく過ごしていれば、少々体力的につらくても気持ちを切り替えて仕事に打ち込めるような気もしますので。

与儀美容室のスタッフは10年、20年と長く勤めてくれる人がほとんどで、みなさん良い仕事をしてくれます。自分の技術に慢心してしまうような人は、気がつけば辞めていなくなってしまっていますね。

採用する時も技術の高さ以上に、「明るくて元気で素直」といった性格も重視しています。とにかく仕事にまっすぐで、色々なことを素直に受け入れることができる人が、私どもの美容室には合っているようです。

どなたにも親切にできる人。人として信頼できる人が、優秀な美容師の条件だと言っても過言ではありません。お客さまから見て信頼できる人だからこそ、長く通っていただけますし、ご自分だけでなく大切なお嬢さまも、お孫さんもこの人に任せようと思っていただけるのだと思います。

現在、与儀美容室の主任を務めてくれているスタッフは、あるお客さまを長年に渡り担当させていただくだけでなく、その方のお嬢さまの入学式、卒業式、成人式、結婚式も、そして、お孫さんのお宮参りや七五三のお支度もさせていただきました。今では、16歳になったお孫さんのヘアも担当させていただいています。

こうした深く長い関係を築いてこれたのも、ひとえに彼女の人柄であり、仕事に対する誠実な姿勢、相手が何を求めているのかをいち早く察する能力、そして技術の確かさゆえではないかと思います。

その場限りではなく何十年もお客さまに愛されるのは、容易なことではありません。しかし、与儀美容室には気負わずそういったことをやってくれるスタッフがたくさんいます。彼女たちの力が、私がこれから三代目として前に進む時にも大きな支えになってくれることでしょう。

お宮参りのお支度では、ひいおばあさまの代からお持ちのお召しをお着せすることもあります。お着せしながらおばあさまの思い出話をされたり、ご家族の歴史を振り返ったりしていますと、お客さまとともに、母と私、そして、スタッフも、一緒に年を重ねていっているのだと実感いたします。僭越ではございますが、お客さまの家族の歴史と私たちの歴史がつながっているような、お客さまの人生を並走させていただいているような感覚を覚え、与儀美容室の美容師で良かったと、心から思います。

未だに自分の未熟さからお客さまに厳しいお言葉を頂戴することもあれば、スタッフの気遣い不足に、指導の至らなさを感じることもございます。また、結婚される方が減っており、ウェディングの減少は、楽観視できない状況にもあります。

しかし、良いタイミングでの大阪出店や、ホテルオークラ東京の本館が改装になった時、青山に出店した時はお客さまの新しいニーズに応えられなかった試行錯誤から、スタッフの技術力が上がりました。

与儀美容室の長い歴史の中でも、祖母が倒れたことが母や私が美容室に入るきっかけになったり、祖父が融資を断られた時に著名な頭取とご縁ができるなど、困った時こそチャンスだったということが多かったと感じられるのです。ですから、私も母も、今こそ飛躍の時だと確信していますし、一年先、二年先のことを想像すると、ワクワクしてまいります。

私が新しい与儀美容室の舵取りをしていく中で、忘れてはいけないと思っていることがございます。それは「常に正しいことをする」ということ。そして、「常に自分の欠点を探して修正する」ということです。

祖母は『女性のためのエチケット』において、このように言っています。

鏡は毎朝化粧をするときだけに見るのではなく、日に何回でものぞいてみたいものである。それはいつも身じまいをよくしているために必要なばかりでなく、鏡にうつる自分の顔を見て、健康状態を知ることもできるし、なおそのうえに鏡は、自分の心の中までも写しだしてくれるからである。

体のどこかに悪いところがあると、どうしても皮膚の色つやがわるく、はりがない。ただ青葉のころは、木の葉の緑が鏡にうつって、顔が青く見えることがあるが、これは勿論心配はない。それから何かに心配ごとや不愉快なことがあると、鏡の中の自分の顔のいやらしさに、ゾッとすることがある。「まぁ、こんな顔をして!」とつまり自己反省の機会にもなる。そこで、鏡はただ漫然と見るのでなく、このようなことを意識して、上手に見たいものである。

（中略）

誰でもきっと経験があると思うが、デパートなどに買い物にいったとき、エレベーター横とか売り場のケースの上とかにおかれた鏡に映っている自分の容姿が、ふと目にはいったとき、一瞬ドキッとすることがある。中年の方では、体の線のくずれにハッとし、若い方はヘアスタイルの不自然さとか、ドレスの着こなしのまずい点など、はっきり見せつけられる。鏡を見ようと思って見ただけではないだけに、不用意に写しだされたものであるだけに、ありのままの自分が写っている。そこで思いがけず、自分の欠点を発見するわけである。気づかなかった自分の欠点、それがわかったら、その欠点をなおすことに努力してほしい。

ここで祖母が伝えてようとしているのは、美容法ではなく人間の心根の話だと思います。私たちは自分の中に常に鏡を持ち、その鏡に写った自分の姿をシビアに眺めながら、もっと美しく生きることができるようになるために努力をすべきなのではないでしょうか。

私たち与儀美容室の三信条は「正統であること」「上品であること」「親切であること」です。この三つの言葉を紐解けば、すべてにおいて「正しいこと」ことが大切だということです。与儀美容室にとっての「正しいこと」とは、正論を振りかざすことではなく、お相手の立場に立って誠実に向き合うということです。

思えば祖父も「正義ほど安いものはない」が口癖だったほど「正しい人」でした。祖母が「節税対策をしたら?」と言うと、「納税は国民の義務だ」と烈火のごとく怒ったと言います。その言葉どおり一円たりともごまかさず納税し続け、晩年は税務署に表彰されたほどでした。

違う側面では祖母も「正しい人」でした。技術の習得と美容業界の発展に身を砕き、見返りを求めませんでした。おそらく最期の最期まで、自分の給与がいくらなのか、財産はどれだけ持っていたのかも知らなかったのではないでしょうか。自分が有名になることやお金を儲けることには頓着せず、ひたすらまっすぐにお客さまを美しくすることだけを追い求める人でした。

このふたりの「正しい」生き方を礎にして、与儀美容室は70年続いてきました。私にも祖父母から受け継いだ、「正しいこと」を追求する血が流れています。常に心の鏡に写る自分を見て、正しいことができているか、不誠実なことをしないかを確認し、お客さまから信頼していただける美容師でありたいと思います。

祖母が生まれた大正、母と私が生まれた昭和、そして仕事に邁進した平成と、時代は移り、まっさらな令和の時代を迎えました。

戦後を駆け抜けてきた与儀美容室が、新しい時代でどう変わっていくのか。私がつくる未来の与儀美容室の姿はどんなものなのか。私自身もまだはっきりと描けているわけではございませんが、「変わらないから美しいもの」をしっかり見据えながら、新しい時代の変化に対応していきたいと思います。

そして、今までのように、10年、20年、30年…とおつきあいをしていただけるお客さまにとって居心地の良い美容室でありたいと願っております。

昨年、ホームページをリニューアルした時、ご覧になった方が最初に目を留めるキャッチコピーとして私が選んだ言葉は、

歴史と革新がもたらす本来の美しさ。

というものでした。歴史がなければ伝統はなく、伝統がなければ革新もありません。革新とはひとりよがりに変わるのではなく、目の前のお客さまのために変わるということではないかと思います。そういう意味では瞬間瞬間を誠実に積み重ねることも革新であり、新しい美への挑戦なのかもしれません。

その場限りの美しさではなく、もっと深く長く続く美を。そして、日本文化に育まれた格式のある美を。70年以上普遍的な美を追求してきた私たちだからこそできるものを、これからも与儀美容室は追い求めてまいりたいと思います。

あとがき

この本のお話をいただいた時、うちのような一介の美容室の話に興味をお持ちの方が果たしていらっしゃるのだろうかという思いがあり、「少し考えさせてください」とお返事させていただきました。

美容の仕事は一見派手なように見えますが、実際は地味な仕事の連続です。それをそのままお書きしてもいいのだろうかという迷いもありました。

テーマについてはいろいろとご相談に乗っていただけるということもあり、年号が平成から令和になり、ホテルオークラ東京が「オークラ東京」としてリニューアルする記念すべき年でもあることを鑑み、私どもの理念である〝美養〟について、一流のお客さまから学んだことをお伝えすることが必要なのではないかと思い至り、このような内容になった次第です。

また、与儀美容室の歴史にも触れさせていただきました。昔の話は折りにふれ母や祖母から聞かされて来ましたが、今回改めて祖母のことを母に聞くと私の知らなかったエピソードが次から次へと湧いてきて、とても新鮮な驚きがありました。大きな歴史の流れの上に自分たちが立っていることに、改めて気付かされる作業になったと思います。

一方で、その後を継いだ母の苦労は計り知れません。確かな技術を習得し、今のように着付の第一人者となるまでにどれほどの辛酸を舐めたのだろうかと思うと、頭が下がるばかりです。そんな苦労も垣間見せず、私や兄を育ててくれた母には感謝しかありません。この本は、仕事の師匠であり人生の先輩であり、娘として尊敬する母に捧げたいと思います。

今まで母とともにさまざまな難局を乗り切ってきましたし、母に助けられたことも一度や二度ではありません。母がいるから冒険できたこともあります。これからは、私が母やスタッフを守っていけるように強くならなければいけない。そんな気持ちを持つようになりました。

まだまだ力不足な私ですが、自分ができる精一杯をその時その時にやっていくことで、20年、30年先の与儀美容室の未来を紡いでいく覚悟でございます。

「私たちは美の職人である」矜持をもって、目の前のお客さまに対して誠意を尽くすことが、私どもの仕事のすべてです。

ご縁があってこのような本を出させていただきましたが、これからも職人としての地道な努力を忘れず、祖母の言葉どおり「その人本来の美を引き出し、その日の元気と生きる勇気を与える」ことに邁進して参ります。

本の中にも書かせていただきましたが、母がご主人を亡くされたある奥さまの喪服の帯をポンッと叩き、「あの時、先生に背中を叩いてもらったことで、励まされた」と言われたことがございました。私たちの仕事は、その方の外側をきれいにするだけではないと実感したエピソードです。人を励まし勇気づけて、元気になっていただく。美容とはそのための手段だと改めて思います。

最後になりましたが、お忙しい中で対談を受けてくださったルコントの黒川周子さん、いつも私たちの思いをどのように発信するのか心を砕いているブランドプロデューサーの古長谷莉花さん、ＫＫベストセラーズの鈴木康成さん、風間久志さん、原田富美子さん、そして、長い間私ども与儀美容室をお引き立てくださっているお客さまに、改めて感謝いたします。

与儀育子

与儀美容室がお客さまから学んだ
美しい生き方

2019年9月20日　初版第1刷発行

著　者　与《よ》儀《ぎ》育《いく》子《こ》
発行者　小川真輔
発行所　KKベストセラーズ
〒171-0021　東京都豊島区西池袋
5-26-19陸王西池袋ビル4階
電話　03-5926-5322（営業）
03-5926-6262（編集）
印刷所　錦明印刷
製本所　ナショナル製本
DTP　三協美術
ブックデザイン　原田恵都子（Harada+Harada）

ISBN 978-4-584-13930-1 C0077